DCPL0000479946

MAR 2012

EE
465

Collins

Webster's

BESTSELLING BILINGUAL DICTIONARIES

easy learning

SPANISH

VERBS

Withdrawn From Stock
Dublin City Libraries

D1386400

HarperCollins Publishers
Westerhill Road
Bishopbriggs
Glasgow
G64 2QT
Great Britain

First Edition 2011

Reprint 10 9 8 7 6 5 4 3 2 1 0

© HarperCollins Publishers 2011

ISBN 978-0-00-743774-0

Collins® is a registered trademark of
HarperCollins Publishers Limited

www.collinslanguage.com

Typeset by Davidson Pre-Press, Glasgow, UK

Printed in the USA by RR Donnelley

Acknowledgements
We would like to thank those authors and
publishers who kindly gave permission
for copyright material to be used in the
Collins Word Web. We would also like to
thank Times Newspapers Ltd for providing
valuable data.

All rights reserved.

Entered words that we have reason to believe
constitute trademarks have been designated
as such. However, neither the presence nor
absence of such designation should be
regarded as affecting the legal status of
any trademark.

SERIES EDITOR
Rob Scriven

MANAGING EDITOR
Gaëlle Amiot-Cadey

EDITORIAL COORDINATION
Susanne Reichert
Rachel Smith

CONTRIBUTORS
Cordelia Lilly
Victoria Romero Cerro
José María Luiz Vaca
Fernando León Solís
Jeremy Butterfield

FREE TRIAL   Livemocha Active Spanish

Powered by Collins *Language learning for real life*

Livemocha Active Spanish is an innovative
and effective online course that will teach
you to speak Spanish in real-life situations.
The course combines world-class content from
Collins with the world's largest community
of language learners on Livemocha.com.

Want to see for yourself?
Go online to **www.livemocha.com/trial**
and enter this code: J2N8-3JUR-MVM6-HFXW

Collins and Livemocha reserve the right to
withdraw this free trial offer at any time.

Livemocha

Collins

Contents

Introduction

Collins Webster's Easy Learning Spanish Verbs is designed for both young and adult learners. Whether you are learning Spanish for the very first time, brushing up your language skills, or studying for exams, *Easy Learning Spanish Verbs* is here to help.

Newcomers can sometimes struggle with the technical terms they come across when they start to explore the grammar of a new language. *Easy Learning Spanish Verbs* contains a glossary which explains verb grammar terms using simple language and cutting out jargon.

The text is divided into sections to help you become confident in using and understanding Spanish verbs. The first section looks at verb formation. Written in clear language, with numerous examples in real Spanish, this section helps you to understand the rules which are used to form verb tenses.

The next section of text looks at certain common prepositions which are used with a number of verbs. Each combination of verb plus preposition is shown with a simple example of real Spanish to show exactly how it is used.

The **Verb Tables** contain 120 important Spanish verbs (both regular and irregular), which are given in full for various tenses. Examples show how to use these verbs in your own work. If you are unsure how a verb functions in Spanish, you can look up the Verb Index at the back of the book to find either the conjugation of the verb itself or a cross-reference to a model verb, which will show you the patterns that the verb follows.

Leabharlanna Poibli Chathair Bhaile Átha Cliath
Dublin City Public Libraries

Glossary of Verb Grammar Terms

ACTIVE a form of the verb that is used when the subject of the verb is the person or thing doing the action, for example, *I wrote a letter*. Compare with passive.

AFFIRMATIVE an affirmative sentence or instruction is one that does not contain a negative word such as *not*. Compare with negative.

AGREE (to) in the case of verbs, to have the form which goes with the person or thing carrying out the action.

AUXILIARY VERB a verb such as *be*, *have* or *do* used with a main verb to form tenses.

BASE FORM the form of the verb without any endings added to it, for example, *walk, have, be, go*.

CLAUSE a group of words containing a verb.

CONDITIONAL a verb form used to talk about things that *would* happen or *would* be true under certain conditions, for example, *I would help you if I could*. It is also used to say what you *would* like or need, for example, *Could you give me the bill?*

CONJUGATE (to) to give a verb different endings according to whether you are referring to *I, you, they* and so on, and according to whether you are referring to the present, past or future, for example, *I have, she had, they will have*.

CONJUGATION a group of verbs which have the same endings as each other or change according to the same pattern.

CONTINUOUS TENSE a verb tense formed using *to be* and the *-ing* form of the main verb, for example, *They're swimming* (present continuous); *He was eating* (past continuous).

DIRECT OBJECT a noun or pronoun used with verbs to show who or what is acted on by the verb. For example, in *He wrote a letter* and *He wrote me a letter*, *letter* is the direct object. Compare indirect object.

DIRECT OBJECT PRONOUN a word such as *me, him, us* and *them* which is used instead of a noun to stand in for the person or thing most directly affected by the action expressed by the verb. Compare with indirect object pronoun.

ENDING a form added to something such as a verb, for example, *go > goes*.

FUTURE a verb tense used to talk about something that *will* happen or *will* be true.

GERUND a verb form in English ending in *-ing*, for example, *eating, sleeping*.

IMPERATIVE the form of a verb used when giving orders and instructions, for example, *Shut the door!; Sit down!; Don't go!; Let's eat.*

IMPERFECT one of the verb tenses used to talk about the past in Spanish, especially in descriptions, and to say what *was happening* or *used to happen*, for example, *It was sunny during the weekend; We were living in Spain at the time; I used to walk to school*. Compare with preterite.

IMPERSONAL VERB a verb whose subject is *it*, but where the *it* does not refer to any specific thing, for example, *It's raining; It's 10 o'clock.*

INDICATIVE ordinary verb forms that aren't subjunctive, such as the present, preterite or future. Compare with subjunctive.

INDIRECT OBJECT a noun or pronoun used with verbs to show who benefits or is harmed by an action. For example, in *I gave the carrot to the rabbit, the rabbit* is the indirect object and *the carrot* is the direct object. Compare with direct object.

INDIRECT OBJECT PRONOUN a pronoun used with verbs to show who benefits or is harmed by an action. For example, in *I gave him the carrot* and *I gave it to him*, *him* is the indirect object pronoun and the *carrot* and *it* are the direct objects. Compare with direct object pronoun.

INDIRECT SPEECH the words you use to report what someone has said when you aren't using their actual words, for example, *He said that he was going out*. Also called reported speech.

INFINITIVE a form of the verb that hasn't any endings added to it and doesn't relate to any particular tense. In English the infinitive is usually shown with *to*, as in *to speak, to eat.*

INTRANSITIVE VERB a type of verb that does not take a direct object, for example, *to sleep, to rise, to laugh*. Compare with transitive verb.

IRREGULAR VERB a verb whose forms do not follow a general pattern. Compare with regular verb.

NEGATIVE a question or statement which contains a word such as *not, never* or *nothing*, and is used to say that something is not happening, is not true or is absent, for example, *I never eat meat; Don't you love me?* Compare with positive.

OBJECT a noun or pronoun which refers to a person or thing that is affected by the action described by the verb. Compare with direct object, indirect object and subject.

OBJECT PRONOUN one of the set of pronouns including *me, him* and *them*, which are used instead of the noun as the object of a verb or preposition. Compare with subject pronoun.

PASSIVE a form of the verb that is used when the subject of the verb is the person or thing that is affected by the action, for example, *We were told* or *It was sold.*

PAST PARTICIPLE a verb form which is used to form perfect and pluperfect tenses and passives, for example, *watched*, *swum*. Some past participles are also used as adjectives, for example, *a broken watch*.

PAST PERFECT see pluperfect.

PERFECT a verb form used to talk about what *has* or *hasn't* happened, for example, *I've broken my glasses; We haven't eaten yet*.

PERSON one of three classes: the first person (*I*, *we*), the second person (*you* singular and *you* plural), and the third person (*he*, *she*, *it* and *they*).

PERSONAL PRONOUN one of the group of words including *I*, *you* and *they* which are used to refer to you, the people you are talking to, or the people or things you are talking about.

PLUPERFECT one of the verb tenses used to describe something that *had* happened or *had* been true at a point in the past, for example, *I'd forgotten to finish my homework*. Also called past perfect.

PLURAL the form of a word which is used to refer to more than one person or thing. Compare with singular.

POSITIVE a positive sentence or instruction is one that does not contain a negative word such as *not*. Compare with negative.

PREPOSITION is a word such as *at*, *for*, with, *into* or *from*, which is usually followed by a noun, pronoun or, in English, a word ending in *-ing*. Prepositions show how people and things relate to the rest of the sentence, for example, *She's at home; a tool for cutting grass; It's from David*.

PRESENT a verb form used to talk about what is true at the moment, what happens regularly, and what is happening now, for example, *I'm a student; I travel to college by train; I'm studying Language*.

PRESENT CONTINUOUS see continuous tense.

PRESENT PARTICIPLE a verb form in English ending in *-ing*, for example, *eating*, *sleeping*.

PRESENT SIMPLE see simple tense.

PRETERITE a verb form used to talk about actions that were completed in the past in Spanish. It often corresponds to the ordinary past tense in English, for example, *I bought a new bike; Mary went to the store; I typed two reports yesterday*.

PRONOUN a word which you use instead of a noun, when you do not need or want to name someone or something directly, for example, *it, you, none*.

PROPER NOUN the name of a person, place, organization or thing. Proper nouns are always written with a capital letter, for example, *Kevin, Boston, Europe*.

RADICAL-CHANGING VERBS in Spanish, verbs which change their stem or root in certain tenses and in certain persons.

REFLEXIVE PRONOUN a word ending in -*self* or -*selves*, such as *myself* or *themselves*, which refers back to the subject, for example, *He hurt <u>himself</u>; Take care of <u>yourself</u>*.

REFLEXIVE VERB a verb where the subject and object are the same, and where the action "reflects back" on the subject. A reflexive verb is used with a reflexive pronoun such as *myself, yourself, herself*, for example, *I washed myself; He shaved himself.*

REGULAR VERB a verb whose forms follow a general pattern or the normal rules. Compare with irregular verb.

SIMPLE TENSE a verb tense in which the verb form is made up of one word, rather than being formed from *to have* and a past participle or *to be* and an -*ing* form; for example, *She <u>plays</u> tennis; He <u>wrote</u> a book.*

SINGULAR the form of a word which is used to refer to one person or thing. Compare with plural.

STEM the main part of a verb to which endings are added.

SUBJECT a noun or pronoun that refers to the person or thing doing the action or being in the state described by the verb,

for example, *<u>My cat</u> doesn't drink milk.* Compare with object.

SUBJECT PRONOUN a word such as *I, he, she* and *they* which carries out the action described by the verb. Pronouns stand in for nouns when it is clear who is being talked about, for example, *My brother isn't here at the moment. <u>He</u>'ll be back in an hour.* Compare with object pronoun.

SUBJUNCTIVE a verb form used in certain circumstances to indicate some sort of feeling, or to show doubt about whether something will happen or whether something is true. It is only used occasionally in modern English, for example, *If I <u>were</u> you, I wouldn't bother; So <u>be</u> it.*

TENSE the form of a verb which shows whether you are referring to the past, present or future.

TRANSITIVE VERB a type of verb that takes a direct object, for example, *to spend, to raise, to waste.* Compare with intransitive verb.

VERB a "doing" word which describes what someone or something does, is, or what happens to them, for example, *be, sing, live.*

Introduction to Verb Formation

Verbs are frequently used with a noun, with somebody's name or, particularly in English, with a pronoun such as *I*, *you* or *she*. They can relate to the present, the past and the future; this is called their <u>tense</u>.

Verbs are either:

<u>regular</u>; their forms follow the normal rules
<u>irregular</u>; their forms do not follow the normal rules

Almost all verbs have a form called the <u>infinitive</u>. This is a base form of the verb (for example, *walk*, *see*, *hear*) that hasn't had any endings added to it and doesn't relate to any particular tense.

In English, the infinitive is usually shown with *to*, as in *to speak*, *to eat*, *to live*. In Spanish, the infinitive is always made up of just one word (never two as in *to speak* in English) and ends in -ar, -er or -ir: for example, habl<u>ar</u> (meaning *to speak*), com<u>er</u> (meaning *to eat*) and viv<u>ir</u> (meaning *to live*). All Spanish verbs belong to one of these three types, which are called <u>conjugations</u>. We will look at each of these three conjugations in turn in the next few pages.

Regular English verbs have other forms besides the infinitive: a form ending in -*s* (*walks*), a form ending in -*ing* (*walking*), and a form ending in -*ed* (*walked*). Spanish verbs have many more forms than this, which are made up of endings added to a <u>stem</u>. The stem of a verb can usually be worked out from the infinitive.

Spanish verb endings change depending on who or what is doing the action and on when the action takes place. In fact, the ending is very often the only thing that shows you <u>who</u> is doing the action, as the Spanish equivalents of *I*, *you*, *he* and so on (yo, tú, él and so on) are not used very much. So, both hablo on its own and yo hablo mean *I speak*. Sometimes there is a name or a noun in the sentence to make it clear who is doing the action.

For further explanation of grammatical terms, please see pages 6-9.

José habla español. José speaks Spanish.

El profesor habla español. The teacher speaks Spanish.

Spanish verb forms also change depending on whether you are talking about the present, past or future, so (yo) hablaré means *I will speak* while (yo) hablé means *I spoke*.

Some verbs in Spanish do not follow the usual patterns. These irregular verbs include some very common and important verbs like ir (meaning *to go*), ser and estar (meaning *to be*) and hacer (meaning *to do* or *to make*). Other verbs are only slightly irregular, changing their stems in certain tenses.

The following sections give you all the help you need on how to form the different verb tenses used in Spanish.

The present simple tense

Forming the present simple tense of regular -ar verbs

If the infinitive of the Spanish verb ends in -ar, it means that the verb belongs to the <u>first conjugation</u>, for example, hablar, lavar, llamar.

To know which form of the verb to use in Spanish, you need to figure out what the stem of the verb is and then add the correct ending. The stem of regular -ar verbs in the present simple tense is formed by taking the <u>infinitive</u> and chopping off -ar.

Infinitive	Stem (without -ar)
hablar (*to speak*)	habl-
lavar (*to wash*)	lav-

Now you know how to find the stem of a verb, you can add the correct ending. The one you choose will depend on who or what is doing the action.

Here are the present simple endings for regular -ar verbs:

Present simple endings	Present simple of hablar	Meaning: *to speak*
-o	(yo) habl<u>o</u>	I speak
-as	(tú) habl<u>as</u>	you speak
-a	(él/ella) habl<u>a</u>	he/she/it speaks
	(usted) habl<u>a</u>	you speak
-amos	(nosotros/nosotras) habl<u>amos</u>	we speak
-áis	(vosotros/vosotras) habl<u>áis</u>	you speak
-an	(ellos/ellas) habl<u>an</u>	they speak
	(ustedes) habl<u>an</u>	you speak

For further explanation of grammatical terms, please see pages 6-9.

Trabaj<u>o</u> en un banco. I work in a bank.

No habl<u>o</u> alemán. I don't speak German.

¿Busc<u>as</u> algo? Are you looking for something?

Compr<u>a</u> pan todos los días. He/She buys bread every day.

Lydia estudi<u>a</u> medicina. Lydia studies *or* is studying medicine.

Funcion<u>a</u> bien. It works well.

Viaj<u>amos</u> mucho. We travel a lot.

¿Recuerd<u>an</u> aquella noche? Do you remember that night?

Ustedes fabric<u>an</u> ventanas, ¿no? You make windows, don't you?

Mis profesores me ayud<u>an</u> mucho. My teachers help me a lot.

Forming the present simple tense of regular -er verbs

If the infinitive of the Spanish verb ends in -er, it means that the verb belongs to the <u>second conjugation</u>, for example, comer, depender.

The stem of regular -er verbs in the present simple tense is formed by taking the <u>infinitive</u> and chopping off -er.

Infinitive	Stem (without -er)
comer (*to eat*)	com-
depender (*to depend*)	depend-

Now add the correct ending, depending on who or what is doing the action.

Here are the present simple endings for regular -er verbs:

Present simple endings	Present simple of comer	Meaning: *to eat*
-o	(yo) com<u>o</u>	I eat
-es	(tú) com<u>es</u>	you eat
-e	(él/ella) com<u>e</u>	he/she/it eats
	(usted) com<u>e</u>	you eat
-emos	(nosotros/nosotras) com<u>emos</u>	we eat
-éis	(vosotros/vosotras) com<u>éis</u>	you eat
-en	(ellos/ellas) com<u>en</u>	they eat
	(ustedes) com<u>en</u>	you eat

Juan com<u>e</u> demasiado. Juan eats too much.

Mis padres me deb<u>en</u> 50 pesos. My parents owe me 50 pesos.

Depend<u>e</u>. It depends.

For further explanation of grammatical terms, please see pages 6-9.

Forming the present simple tense of regular -ir verbs

If the infinitive of the Spanish verb ends in -ir, it means that the verb belongs to the <u>third conjugation</u>, for example, vivir, recibir.

The stem of regular -ir verbs in the present simple tense is formed by taking the <u>infinitive</u> and chopping off -ir.

Infinitive	Stem (without -ir)
vivir (*to live*)	viv-
recibir (*to receive*)	recib-

Now add the correct ending, depending on who or what is doing the action.

Here are the present simple endings for regular -ir verbs:

Present simple endings	Present simple of vivir	Meaning: *to live*
-o	(yo) viv<u>o</u>	I live
-es	(tú) viv<u>es</u>	you live
-e	(él/ella) viv<u>e</u>	he/she/it lives
	(usted) viv<u>e</u>	you live
-imos	(nosotros/nosotras) viv<u>imos</u>	we live
-ís	(vosotros/vosotras) viv<u>ís</u>	you live
-en	(ellos/ellas) viv<u>en</u>	they live
	(ustedes) viv<u>en</u>	you live

Mi padre recib<u>e</u> muchas cartas. My father gets a lot of letters.
Javier y Antonia viv<u>en</u> aquí. Javier and Antonia live here.
Ocurr<u>e</u> frecuentemente. It happens frequently.

Forming the present simple tense of less regular verbs

Many Spanish verbs do not follow the regular patterns shown above.
There are lots of verbs that change their <u>stem</u> in the present tense when the
stress is on the stem. This means that all forms are affected in the present simple
<u>EXCEPT FOR</u> the nosotros and vosotros forms. Such verbs are often called
<u>radical-changing verbs</u>, meaning root-changing verbs.

For example, some verbs containing an -o in the stem change it to -ue in the
present simple for all forms <u>EXCEPT FOR</u> the nosotros/nosotras and
vosotros/vosotras forms.

	encontrar *to find*	recordar *to remember*	poder *to be able*	dormir *to sleep*
(yo)	encuentro	recuerdo	puedo	duermo
(tú)	encuentras	recuerdas	puedes	duermes
(él/ella/usted)	encuentra	recuerda	puede	duerme
(nosotros/as)	encontramos	recordamos	podemos	dormimos
(vosotros/as)	encontráis	recordáis	podéis	dormís
(ellos/ellas/ustedes)	encuentran	recuerdan	pueden	duermen

Other verbs containing an -e in the stem change it to -ie for all forms <u>EXCEPT
FOR</u> the nosotros/nosotras and vosotros/vosotras forms.

	cerrar *to close*	pensar *to think*	entender *to understand*	perder *to lose*	preferir *to prefer*
(yo)	cierro	pienso	entiendo	pierdo	prefiero
(tú)	cierras	piensas	entiendes	pierdes	prefieres
(él/ella/usted)	cierra	piensa	entiende	pierde	prefiere
(nosotros/as)	cerramos	pensamos	entendemos	perdemos	preferimos
(vosotros/as)	cerráis	pensáis	entendéis	perdéis	preferís
(ellos/ellas/ustedes)	cierran	piensan	entienden	pierden	prefieren

For further explanation of grammatical terms, please see pages 6-9.

A few -ir verbs containing -e in the stem change this to -i in the present simple for all forms <u>APART FROM</u> the nosotros/nosotras and vosotros/ vosotras forms.

	pedir *to ask (for)*	**servir** *to serve*
(yo)	p<u>i</u>do	s<u>i</u>rvo
(tú)	p<u>i</u>des	s<u>i</u>rves
(él/ella/usted)	p<u>i</u>de	s<u>i</u>rve
(nosotros/as)	p<u>e</u>dimos	s<u>e</u>rvimos
(vosotros/as)	p<u>e</u>dís	s<u>e</u>rvís
(ellos/ellas/ustedes)	p<u>i</u>den	s<u>i</u>rven

The present continuous tense

The Spanish present continuous tense is formed from the <u>present tense</u> of estar and the <u>gerund</u> of the verb. The gerund is the form of the verb that ends in -ando (for -ar verbs) or -iendo (for -er and -ir verbs) and is the same as the *-ing* form of the verb in English (for example, *walking*, *swimming*).

> <u>Estoy</u> trabaj<u>ando</u>. I'm working.
> No <u>estamos</u> com<u>iendo</u>. We aren't eating.
> ¿<u>Estás</u> escrib<u>iendo</u>? Are you writing?

To form the gerund of an -ar verb, take off the -ar ending of the infinitive and add -ando:

Infinitive	Meaning	Stem (without -ar)	Gerund	Meaning
hablar	to speak	habl-	habl<u>ando</u>	speaking
trabajar	to work	trabaj-	trabaj<u>ando</u>	working

> Levanta al niño, que <u>está llorando</u>. Pick the baby up; he's crying.
> <u>Está intentando</u> perder peso. He's trying to lose weight.

To form the gerund of an -er or -ir verb, take off the -er or -ir ending of the infinitive and add -iendo:

Infinitive	Meaning	Stem (without -er/-ir)	Gerund	Meaning
comer	to eat	com-	com<u>iendo</u>	eating
escribir	to write	escrib-	escrib<u>iendo</u>	writing

> <u>Estoy haciendo</u> la tarea. I'm doing my homework.
> ¿Qué <u>está</u> ocurriendo? What's happening?

For further explanation of grammatical terms, please see pages 6-9.

The imperative

Forming the imperative: Instructions not to do something

In orders that tell you <u>NOT</u> to do something and that have no in front of them in Spanish, the imperative forms for tú, usted, nosotros/nosotras, vosotros/vosotras and ustedes are all taken from a verb form called the <u>present subjunctive</u>. It's easy to remember because the endings for -ar and -er verbs are the opposite of what they are in the ordinary present tense. Note that the imperative form for vosotros/vosotras is not used in Latin America.

In regular -ar verbs, you take off the -as, -a, -amos, -áis and -an endings of the present tense and replace them with: -es, -e, -emos, -éis and -en.

-ar **verb**	trabajar	*to work*
tú form	¡no trabajes!	Don't work!
usted form	¡no trabaje!	Don't work!
nosotros/as form	¡no trabajemos!	Let's not work!
vosotros/as form	¡no trabajéis!	Don't work!
ustedes form	¡no trabajen!	Don't work!

In regular -er verbs, you take off the -es, -e, -emos, -éis and -en endings of the present tense and replace them with -as, -a, -amos, -áis and -an.

-er **verb**	comer	*to eat*
tú form	¡no comas!	Don't eat!
usted form	¡no coma!	Don't eat!
nosotros/as form	¡no comamos!	Let's not eat!
vosotros/as form	¡no comáis!	Don't eat!
ustedes form	¡no coman!	Don't eat!

In regular -ir verbs, you take off the -es, -e, -imos, -ís and -en endings of the present tense and replace them with -a, -a, -amos, -áis and -an.

	-ir **verb**	decidir	to decide
tú form	¡no decidas!	Don't decide!
usted form	¡no decida!	Don't decide!
nosotros/as form	¡no decidamos!	Let's not decide!
vosotros/as form	¡no decidáis!	Don't decide!
ustedes form	¡no decidan!	Don't decide!

A number of irregular verbs also have irregular imperative forms. These are shown in the table below.

	dar **to give**	decir **to say**	estar **to be**	hacer **to do/make**	ir **to go**
tú form	¡no des!	¡no digas!	¡no estés!	¡no hagas!	¡no vayas!
	don't give!	don't say!	don't be!	don't do/make!	don't go!
usted form	¡no dé!	¡no diga!	¡no esté!	¡no haga!	¡no vaya!
	don't give!	don't say!	don't be!	don't do/make!	don't go!
nosotros form	¡no demos!	¡no digamos!	¡no estemos!	¡no hagamos!	¡no vayamos!
	let's not give!	let's not say!	let's not be!	let's not do/make!	let's not go!
vosotros form	¡no deis!	¡no digáis!	¡no estéis!	¡no hagáis!	¡no vayáis!
	don't give!	don't say!	don't be!	don't do/make!	don't go!
ustedes form	¡no den!	¡no digan!	¡no estén!	¡no hagan!	¡no vayan!
	don't give!	don't say!	don't be!	don't do/make!	don't go!

	poner **to put**	salir **to leave**	ser **to be**	tener **to have**	venir **to come**
tú form	¡no pongas!	¡no salgas!	¡no seas!	¡no tengas!	¡no vengas!
	don't put!	don't leave!	don't be!	don't have!	don't come!
usted form	¡no ponga!	¡no salga!	¡no sea!	¡no tenga!	¡no venga!
	don't put!	don't leave!	don't be!	don't have!	don't come!
nosotros form	¡no pongamos!	¡no salgamos!	¡no seamos!	¡no tengamos!	¡no vengamos!
	let's not put!	let's not leave!	let's not be!	let's not have!	let's not come!
vosotros form	¡no pongáis!	¡no salgáis!	¡no seáis!	¡no tengáis!	¡no vengáis!
	don't put!	don't leave!	don't be!	don't have!	don't come!
ustedes form	¡no pongan!	¡no salgan!	¡no sean!	¡no tengan!	¡no vengan!
	don't put!	don't leave!	don't be!	don't have!	don't come!

For further explanation of grammatical terms, please see pages 6-9.

Note that if you take the yo form of the present tense, take off the -o and add the endings to this instead for instructions <u>NOT TO DO</u> something, some of these irregular forms will be more predictable.

digo	I say	>	negative imperative stem	>	dig-
hago	I do	>	negative imperative stem	>	hag-
pongo	I put	>	negative imperative stem	>	pong-
salgo	I leave	>	negative imperative stem	>	salg-
tengo	I have	>	negative imperative stem	>	teng-
vengo	I come	>	negative imperative stem	>	veng-

Forming the imperative: Instructions to do something

In instructions telling you <u>TO DO</u> something, the forms for usted, nosotros and ustedes are exactly the same as they are in negative instructions (instructions telling you not to do something) except that there isn't a no.

	trabajar *to work*	comer *to eat*	decidir *to decide*
usted form	¡Trabaje!	¡Coma!	¡Decida!
nosotros/as form	¡Trabajemos!	¡Comamos!	¡Decidamos!
ustedes form	¡Trabajen!	¡Coman!	¡Decidan!

There are special forms of the imperative for tú and vosotros/vosotras in positive instructions (instructions telling you to do something). The tú form of the imperative is the same as the tú form of the ordinary present simple tense, but without the final -s.

trabajar	>	¡Trabaja!
to work		Work!
comer	>	¡Come!
to eat		Eat!
decidir	>	¡Decide!
to decide		Decide!

The vosotros/vosotras form of the imperative is the same as the infinitive, except that you take off the final -r and add -d instead.

trabajar	>	¡Trabajad!
to work		Work!
comer	>	¡Comed!
to eat		Eat!
decidir	>	¡Decidid!
to decide		Decide!

There are a number of imperative forms that are irregular in Spanish. The irregular imperative forms for usted, nosotros/nosotras and ustedes are the same as the irregular negative imperative forms without the no. The tú and vosotros/vosotras forms are different again.

	dar *to give*	decir *to say*	estar *to be*	hacer *to do/make*	ir *to go*
tú form	¡da! give!	¡di! say!	¡está! be!	¡haz! do/make!	¡ve! go!
usted form	¡dé! give!	¡diga! say!	¡esté! be!	¡haga! do/make!	¡vaya! go!
nosotros/as form	¡demos! let's give!	¡digamos! let's say!	¡estemos! let's be!	¡hagamos! let's do/make!	¡vamos! let's go!
vosotros/as form	¡dad! give!	¡decid! say!	¡estad! be!	¡haced! do/make!	¡id! go!
ustedes form	¡den! give!	¡digan! say!	¡estén! be!	¡hagan! do/make!	¡vayan! go!

	poner *to put*	salir *to leave*	ser *to be*	tener *to have*	venir *to come*
tú form	¡pon! put!	¡sal! leave!	¡sé! be!	¡ten! have!	¡ven! come!
usted form	¡ponga! put!	¡salga! leave!	¡sea! be!	¡tenga! have!	¡venga! come!
nosotros/as form	¡pongamos! let's put!	¡salgamos! let's leave!	¡seamos! let's be!	¡tengamos! let's have!	¡vengamos! let's come!
vosotros/as form	¡poned! put!	¡salid! leave!	¡sed! be!	¡tened! have!	¡venid! come!
ustedes form	¡pongan! put!	¡salgan! leave!	¡sean! be!	¡tengan! have!	¡vengan! come!

For further explanation of grammatical terms, please see pages 6-9.

Note that the nosotros/nosotras form for ir in instructions TO DO something is usually vamos; in instructions NOT TO DO something, it is no vayamos.

Position of object pronouns

If you are telling someone NOT TO DO something, any object pronouns go BEFORE the verb.

> ¡No me lo mandes! Don't send it to me!
> ¡No me molestes! Don't disturb me!
> ¡No los castigue! Don't punish them!
> ¡No se la devolvamos! Let's not give it back to him/her/them!
> ¡No las contesten! Don't answer them!

If you are telling someone TO DO something, any object pronouns are attached to the END of the verb. An accent is usually added to make sure that the stress in the imperative verb stays the same.

> ¡Explícamelo! Explain it to me!
> ¡Perdóneme! Excuse me!
> ¡Dígame! Tell me!
> ¡Esperémosla! Let's wait for her/it!

Reflexive verbs

Forming the present tense of reflexive verbs

The present tense of a reflexive verb is formed in the same way as that of a non-reflexive verb, except that reflexive pronouns are included before the verb.

The following table shows the reflexive verb lavarse in full.

Reflexive forms of lavarse	Meaning
(yo) me lavo	I wash (myself)
(tú) te lavas	you wash (yourself)
(él) se lava	he washes (himself)
(ella) se lava	she washes (herself)
(uno) se lava	one washes (oneself)
se lava	it washes (itself)
(usted) se lava	you wash (yourself)
(nosotros/nosotras) nos lavamos	we wash (ourselves)
(vosotros/vosotras) os laváis	you wash (yourselves)
(ellos) se lavan	they wash (themselves)
(ellas) se lavan	they wash (themselves)
(ustedes) se lavan	you wash (yourselves)

Position of reflexive pronouns

In ordinary tenses such as the present simple, the reflexive pronoun goes <u>BEFORE</u> the verb.

> <u>Me</u> acuesto temprano. I go to bed early.
> ¿Cómo <u>se</u> llama usted? What's your name?

When telling someone <u>NOT TO DO</u> something, you also put the reflexive pronoun <u>BEFORE</u> the verb.

For further explanation of grammatical terms, please see pages 6-9.

No _te_ levantes. Don't get up.
¡No _se vayan_! Don't go away!

When telling someone TO DO something, you attach the reflexive pronoun to the end of the verb.

¡Siéntense! Sit down!
¡Cállate! Be quiet!

When adding reflexive pronouns to the end of the imperative, you drop the final -s of the nosotros form and the final -d of the vosotros form before the pronoun.

¡Vámonos! Let's go!
¡Sentaos! Sit down!

You always attach the reflexive pronoun to the end of infinitives and gerunds (the -ando or -iendo forms of the verb), unless the infinitive or gerund follows another verb.

Hay que relajarse de vez en cuando. You have to relax from time to time.
Acostándose temprano, se descansa mejor.
You feel more rested if you go to bed early.

Where the infinitive or gerund follows another verb, you can put the reflexive pronoun either at the end of the infinitive or gerund or before the other verb.

Quiero bañarme _or_ Me quiero bañar. I want to have a bath.
Tienes que vestirte _or_ Te tienes que vestir. You must get dressed.
Está vistiéndose _or_ Se está vistiendo. She's getting dressed.
¿Estás duchándote? _or_ ¿Te estás duchando? Are you having a shower?

Note that, when adding pronouns to the ends of verb forms, you will often have to add a written accent to preserve the stress.

The future tense

Forming the future tense

To form the future tense of regular -ar, -er and -ir verbs, add the following endings to the <u>infinitive</u> of the verb: -é, -ás, -á, -emos, -éis, -án.

The following table shows the future tense of three regular verbs: hablar (meaning *to speak*), comer (meaning *to eat*) and vivir (meaning *to live*).

(yo)	hablaré	comeré	viviré	I'll speak/eat/live
(tú)	hablarás	comerás	vivirás	you'll speak/eat/live
(él, ella) (usted)	hablará	comerá	vivirá	he'll speak/eat/live she'll speak/eat/live it'll speak/eat/live you'll speak/eat/live
(nosotros/nosotras)	hablaremos	comeremos	viviremos	we'll speak/eat/live
(vosotros/vosotras)	hablaréis	comeréis	viviréis	you'll speak/eat/live
(ellos/ellas/ustedes)	hablarán	comerán	vivirán	they'll/you'll speak/eat/live

<u>Hablaré</u> con ella. I'll speak to her.
<u>Comeremos</u> en casa de José. We'll eat at José's.
No <u>volverá</u>. He won't come back.
¿Lo <u>entenderás</u>? Will you understand it?

Note that in the future tense only the nosotros/nosotras form doesn't have an accent.

Verbs with irregular stems in the future tense

There are a few verbs that <u>DO NOT</u> use their infinitives as the stem for the future tense. Here are some of the most common.

Verb	Stem	(yo)	(tú)	(él) (ella) (usted)	(nosotros) (nosotras)	(vosotros) (vosotras)	(ellos) (ellas) (ustedes)
decir *to say*	dir-	diré	dirás	dirá	diremos	diréis	dirán
haber *to have*	habr-	habré	habrás	habrá	habremos	habréis	habrán
hacer *to do/make*	har-	haré	harás	hará	haremos	haréis	harán
poder *to be able*	podr-	podré	podrás	podrá	podremos	podréis	podrán
poner *to put*	pondr-	pondré	pondrás	pondrá	pondremos	pondréis	pondrán
querer *to want*	querr-	querré	querrás	querrá	querremos	querréis	querrán
saber *to know*	sabr-	sabré	sabrás	sabrá	sabremos	sabréis	sabrán
salir *to leave*	saldr-	saldré	saldrás	saldrá	saldremos	saldréis	saldrán
tener *to have*	tendr-	tendré	tendrás	tendrá	tendremos	tendréis	tendrán
venir *to come*	vendr-	vendré	vendrás	vendrá	vendremos	vendréis	vendrán

Lo <u>haré</u> mañana. I'll do it tomorrow.
No <u>podremos</u> hacerlo. We won't be able to do it.
Lo <u>pondré</u> aquí. I'll put it here.
<u>Saldrán</u> por la mañana. They'll leave in the morning.
¿A qué hora <u>vendrás</u>? What time will you come?

Reflexive verbs in the future tense

The future tense of reflexive verbs is formed in exactly the same way as for ordinary verbs, except that you have to remember to give the reflexive pronoun (me, te, se, nos, os, se).

> <u>Me levantaré</u> temprano. I'll get up early.

For further explanation of grammatical terms, please see pages 6-9.

The conditional

Forming the conditional

To form the conditional of regular -ar, -er, and -ir verbs, add the following endings to the <u>infinitive</u> of the verb: -ía, -ías, -ía, -íamos, -íais, -ían.

The following table shows the conditional tense of three regular verbs: hablar (meaning *to speak*), comer (meaning *to eat*) and vivir (meaning *to live*).

(yo)	hablar<u>ía</u>	comer<u>ía</u>	vivir<u>ía</u>	I would speak/eat/live
(tú)	hablar<u>ías</u>	comer<u>ías</u>	vivir<u>ías</u>	you would speak/eat/live
(él, ella) (usted)	hablar<u>ía</u>	comer<u>ía</u>	vivir<u>ía</u>	he would speak/eat/live / she would speak/eat/live / it would speak/eat/live / you would speak/eat/live
(nosotros/nosotras)	hablar<u>íamos</u>	comer<u>íamos</u>	vivir<u>íamos</u>	we would speak/eat/live
(vosotros/vosotras)	hablar<u>íais</u>	comer<u>íais</u>	vivir<u>íais</u>	you would speak/eat/live
(ellos/ellas/ustedes)	hablar<u>ían</u>	comer<u>ían</u>	vivir<u>ían</u>	they would/you would speak/eat/live

Me <u>gustaría</u> ir a China. I'd like to go to China.
Dije que <u>hablaría</u> con ella. I said that I would speak to her.
<u>Debería</u> llamar a mis padres. I should call my parents.

Don't forget to put an accent on the í in the conditional.

Note that the endings in the conditional tense are identical to those in the <u>imperfect tense</u> for -er and -ir verbs. The only difference is that they are added to a different stem.

Verbs with irregular stems in the conditional

To form the conditional of irregular verbs, use the same stem as for the <u>future tense</u>, then add the usual endings for the conditional. The same verbs that are irregular in the future tense are irregular in the conditional.

Verb	Stem	(yo)	(tú)	(él) (ella) (usted)	(nosotros) (nosotras)	(vosotros) (vosotras)	(ellos) (ellas) (ustedes)
decir to say	dir-	diría	dirías	diría	diríamos	diríais	dirían
haber to have	habr-	habría	habrías	habría	habríamos	habríais	habrían
hacer to do/make	har-	haría	harías	haría	haríamos	haríais	harían
poder to be able	podr-	podría	podrías	podría	podríamos	podríais	podrían
poner to put	pondr-	pondría	pondrías	pondría	pondríamos	pondríais	pondrían
querer to want	querr-	querría	querrías	querría	querríamos	querríais	querrían
saber to know	sabr-	sabría	sabrías	sabría	sabríamos	sabríais	sabrían
salir to leave	saldr-	saldría	saldrías	saldría	saldríamos	saldríais	saldrían
tener to have	tendr-	tendría	tendrías	tendría	tendríamos	tendríais	tendrían
venir to come	vendr-	vendría	vendrías	vendría	vendríamos	vendríais	vendrían

For further explanation of grammatical terms, please see pages 6-9.

¿Qué <u>harías</u> tú en mi lugar? What would you do if you were me?
¿<u>Podrías</u> ayudarme? Could you help me?
Yo lo <u>pondría</u> aquí. I would put it here.

Reflexive verbs in the conditional

The conditional of reflexive verbs is formed in exactly the same way as for ordinary verbs, except that you have to remember to give the reflexive pronoun (me, te, se, nos, os, se).

Le dije que <u>me levantaría</u> temprano. I told him I would get up early.

The preterite

Forming the preterite of regular verbs

To form the preterite of any regular -ar verb, you take off the -ar ending to form the stem, and add the endings: -é, -aste, -ó, -amos, -asteis, -aron.

To form the preterite of any regular -er or -ir verb, you also take off the -er or -ir ending to form the stem and add the endings: -í, -iste, -ió, -imos, -isteis, -ieron.

The following table shows the preterite of three regular verbs: hablar (meaning *to speak*), comer (meaning *to eat*) and vivir (meaning *to live*).

(yo)	hablé	comí	viví	I spoke/ate/lived
(tú)	hablaste	comiste	viviste	you spoke/ate/lived
(él, ella) (usted)	habló	comió	vivió	he spoke/ate/lived she spoke/ate/lived it spoke/ate/lived you spoke/ate/lived
(nosotros/nosotras)	hablamos	comimos	vivimos	we spoke/ate/lived
(vosotros/vosotras)	hablasteis	comisteis	vivisteis	you spoke/ate/lived
(ellos/ellas) (ustedes)	hablaron	comieron	vivieron	they spoke/ate/lived you spoke/ate/lived

Bailé con mi hermana. I danced with my sister.
No hablé con ella. I didn't speak to her.
Comimos demasiado. We ate too much.
¿Cerraste la ventana? Did you close the window?

Irregular verbs in the preterite

A number of verbs have very irregular forms in the preterite. The table shows some of the most common.

Verb	(yo)	(tú)	(él) (ella) (usted)	(nosotros) (nosotras)	(vosotros) (vosotras)	(ellos) (ellas) (ustedes)
andar to walk	anduve	anduviste	anduvo	anduvimos	anduvisteis	anduvieron
conducir to drive	conduje	condujiste	condujo	condujimos	condujisteis	condujeron
dar to give	di	diste	dio	dimos	disteis	dieron
decir to say	dije	dijiste	dijo	dijimos	dijisteis	dijeron
estar to be	estuve	estuviste	estuvo	estuvimos	estuvisteis	estuvieron
hacer to do, to make	hice	hiciste	hizo	hicimos	hicisteis	hicieron
ir to go	fui	fuiste	fue	fuimos	fuisteis	fueron
poder to be able	pude	pudiste	pudo	pudimos	pudisteis	pudieron
poner to put	puse	pusiste	puso	pusimos	pusisteis	pusieron
querer to want	quise	quisiste	quiso	quisimos	quisisteis	quisieron
saber to know	supe	supiste	supo	supimos	supisteis	supieron
ser to be	fui	fuiste	fue	fuimos	fuisteis	fueron
tener to have	tuve	tuviste	tuvo	tuvimos	tuvisteis	tuvieron
traer to bring	traje	trajiste	trajo	trajimos	trajisteis	trajeron
venir to come	vine	viniste	vino	vinimos	vinisteis	vinieron
ver to see	vi	viste	vio	vimos	visteis	vieron

Note that hizo (the él/ella/usted form of hacer) is spelled with a z.

> Fue a Madrid. He went to Madrid.
> Te vi en el parque. I saw you in the park.
> No vinieron. They didn't come.
> ¿Qué hizo? What did she do?
> Se lo di a Teresa. I gave it to Teresa.
> Fue en 1999. It was in 1999.

The preterite forms of ser (meaning to be) are the same as the preterite forms of ir (meaning to go).

Some other verbs are regular <u>EXCEPT FOR</u> the él/ella/usted and ellos/ellas/ustedes forms (third persons singular and plural). In these forms the stem vowel changes.

Verb	(yo)	(tú)	(él) (ella) (usted)	(nosotros) (nosotras)	(vosotros) (vosotras)	(ellos) (ellas) (ustedes)
dormir to sleep	dormí	dormiste	durmió	dormimos	dormisteis	durmieron
morir to die	morí	moriste	murió	morimos	moristeis	murieron
pedir to ask for	pedí	pediste	pidió	pedimos	pedisteis	pidieron
reír to laugh	reí	reíste	rió	reímos	reísteis	rieron
seguir to follow	seguí	seguiste	siguió	seguimos	seguisteis	siguieron
sentir to feel	sentí	sentiste	sintió	sentimos	sentisteis	sintieron

For further explanation of grammatical terms, please see pages 6-9.

Note that reír also has an accent in all persons <u>EXCEPT FOR</u> the ellos/ellas/ustedes forms.

> Antonio <u>durmió</u> diez horas. Antonio slept for ten hours.
> <u>Murió</u> en 1066. He died in 1066.
> <u>Pidió</u> paella. He ordered paella.
> ¿Los <u>siguió</u>? Did she follow them?
> <u>Sintió</u> un dolor en la pierna. He felt a pain in his leg.
> Nos <u>reímos</u> mucho. We laughed a lot.
> Juan no se <u>rió</u>. Juan didn't laugh.

caer (meaning *to fall*) and leer (meaning *to read*) have an accent in all persons <u>EXCEPT FOR</u> the ellos/ellas/ustedes form (*third person plural*). In addition, the vowel changes to y in the él/ella/usted and ellos/ellas/ustedes forms (*third persons singular and plural*).

Verb	(yo)	(tú)	(él) (ella) (usted)	(nosotros) (nosotras)	(vosotros) (vosotras)	(ellos) (ellas) (ustedes)
caer *to fall*	caí	caíste	cayó	caímos	caísteis	cayeron
construir *to build*	construí	construiste	construyó	construimos	construisteis	construyeron
leer *to read*	leí	leíste	leyó	leímos	leísteis	leyeron

Note that construir also changes to y in the él/ella/usted and ellos/ellas/ustedes forms (*third persons singular and plural*), but only has accents in the yo and él/ella/usted forms.

> Se <u>cayó</u> por la ventana. He fell out the window.
> Ayer <u>leí</u> un artículo muy interesante.
> I read a very interesting article yesterday.
> <u>Construyeron</u> una nueva autopista. They built a new highway.

Other spelling changes in the preterite

Spanish verbs that end in -zar, -gar and -car in the infinitive change the z to c, the g to gu and the c to qu in the yo form (*first person singular*).

Verb	(yo)	(tú)	(él) (ella) (usted)	(nosotros) (nosotras)	(vosotros) (vosotras)	(ellos) (ellas) (ustedes)
cruzar *to cross*	crucé	cruzaste	cruzó	cruzamos	cruzasteis	cruzaron
empezar *to begin*	empecé	empezaste	empezó	empezamos	empezasteis	empezaron
pagar *to pay for*	pagué	pagaste	pagó	pagamos	pagasteis	pagaron
sacar *to follow*	saqué	sacaste	sacó	sacamos	sacasteis	sacaron

Crucé el río. I crossed the river.
Empecé a llorar. I started crying.
No pagué la cuenta. I didn't pay the bill.
Saqué las llaves del bolsillo. I took the keys out of my pocket.

Note that the change from g to gu and c to qu before e is to keep the sound hard.

Reflexive verbs in the preterite

The preterite of reflexive verbs is formed in exactly the same way as for ordinary verbs, except that you have to remember to give the reflexive pronoun (me, te, se, nos, os, se).

Me levanté a las siete. I got up at seven.

For further explanation of grammatical terms, please see pages 6-9.

The imperfect tense

Forming the imperfect tense

To form the imperfect of any regular -ar verb, you take off the -ar ending of the infinitive to form the stem and add the endings: -aba, -abas, -aba, -ábamos, -abais, -aban.

The following table shows the imperfect tense of one regular -ar verb: hablar (meaning *to speak*).

(yo)	hablaba	I spoke
		I was speaking
		I used to speak
(tú)	hablabas	you spoke
		you were speaking
		you used to speak
(él/ella/usted)	hablaba	he/she/it/you spoke
		he/she/it was speaking, you were speaking
		he/she/it/you used to speak
(nosotros/nosotras)	hablábamos	we spoke
		we were speaking
		we used to speak
(vosotros/vosotras)	hablabais	you spoke
		you were speaking
		you used to speak
(ellos/ellas/ustedes)	hablaban	they/you spoke
		they/you were speaking
		they/you used to speak

Note that in the imperfect tense of -ar verbs, the only accent is on the nosotros/nosotras form.

Hablaba francés e italiano. He spoke French and Italian.

Antes viajábamos mucho. We used to travel a lot.

Estudiábamos matemáticas e inglés. We were studying Math and English.

To form the imperfect of any regular -er or -ir verb, you take off the -er or -ir ending of the infinitive to form the stem and add the endings: -ía, -ías, -ía, -íamos, -íais, -ían.

The following table shows the imperfect of two regular verbs: comer (meaning *to eat*) and vivir (meaning *to live*).

(yo)	comía	vivía	I ate/lived I was eating/living I used to eat/live
(tú)	comías	vivías	you ate/lived you were eating/living you used to eat/live
(él/ella/usted)	comía	vivía	he/she/it/you ate/lived he/she/it was eating/living, you were eating/living he/she/it was eating/living, you were eating/living
(nosotros/nosotras)	comíamos	vivíamos	we ate/lived we were eating/living we used to eat/live
(vosotros/vosotras)	comíais	vivíais	you ate/lived you were eating/living you used to eat/live
(ellos/ellas/ustedes)	comían	vivían	they/you ate/lived they/you were eating/living they/you used to eat/live

Note that in the imperfect tense of -er and -ir verbs, there's an accent on all the endings.

> A veces, <u>comíamos</u> en casa de Pepe. We sometimes used to eat at Pepe's.
> <u>Vivía</u> en un apartamento muy grande.
> She lived in a very large apartment.
> Cuando llegó el médico, ya se <u>sentían</u> mejor.
> They were already feeling better when the doctor arrived.

The imperfect endings for -er and -ir verbs are the same as the endings used to form the conditional for all verbs. The only difference is that, in the conditional, the endings are added to the future stem.

Reflexive verbs in the imperfect tense

The imperfect of reflexive verbs is formed in exactly the same way as for ordinary verbs, except that you have to remember to give the reflexive pronoun (me, te, se, nos, os, se).

> Antes <u>se levantaba</u> temprano. He used to get up early.

The perfect tense

Forming the perfect tense

As in English, the perfect tense in Spanish has two parts to it. These are:

- the <u>present</u> tense of the verb haber (meaning *to have*)
- a part of the main verb called the <u>past participle</u>.

Forming the past participle

To form the past participle of regular -ar verbs, take off the -ar ending of the infinitive and add -ado.

> hablar (*to speak*) > hablado (*spoken*)

To form the past participle of regular -er or -ir verbs, take off the -er or -ir ending of the infinitive and add -ido.

> comer (*to eat*) > comido (*eaten*)
> vivir (*to live*) > vivido (*lived*)

The perfect tense of some regular verbs

The following table shows how you can combine the present tense of haber with the past participle of any verb to form the perfect tense.
In this case, the past participles are taken from the following regular verbs:

hablar (meaning *to speak*); trabajar (meaning *to work*); comer (meaning *to eat*); vender (meaning *to sell*); vivir (meaning *to live*); decidir (meaning *to decide*).

For further explanation of grammatical terms, please see pages 6-9.

	Present of haber	Past participle	Meaning
(yo)	he	hablado	I have spoken
(tú)	has	trabajado	you have worked
(él/ella/usted)	ha	comido	he/she/it has eaten, you have eaten
(nosotros/nosotras)	hemos	vendido	we have sold
(vosotros/vosotras)	habéis	vivido	you have lived
(ellos/ellas/ustedes)	han	decidido	they/you have decided

<u>Has trabajado</u> mucho. You've worked hard.

No <u>he comido</u> nada. I haven't eaten anything.

Verbs with irregular past participles

Some past participles are irregular. There aren't too many, so try to learn them.

abrir (*to open*)	>	abierto (*opened*)
cubrir (*to cover*)	>	cubierto (*covered*)
decir (*to say*)	>	dicho (*said*)
escribir (*to write*)	>	escrito (*written*)
freír (*to fry*)	>	frito (*fried*)
hacer (*to do, to make*)	>	hecho (*done, made*)
morir (*to die*)	>	muerto (*died*)
oír (*to hear*)	>	oído (*heard*)
poner (*to put*)	>	puesto (*put*)
romper (*to break*)	>	roto (*broken*)
ver (*to see*)	>	visto (*seen*)
volver (*to return*)	>	vuelto (*returned*)

No <u>ha dicho</u> nada. He hasn't said anything.

Hoy <u>he hecho</u> muchas cosas. I've done a lot today.

<u>Han muerto</u> tres personas. Three people have died.

Carlos <u>ha roto</u> el espejo. Carlos has broken the mirror.

Jamás <u>he visto</u> una cosa parecida. I've never seen anything like it.

he/has/ha and so on must <u>NEVER</u> be separated from the past participle.
Any object pronouns go before the form of haber being used, and <u>NOT</u> between
the form of haber and the past participle.

No <u>lo</u> he visto. I haven't seen it.
¿<u>Lo</u> has hecho ya? Have you done it yet?

Reflexive verbs in the perfect tense

The perfect tense of reflexive verbs is formed in the same way as for ordinary
verbs. The reflexive pronouns (me, te, se, nos, os, se) come before he, has, ha,
and so on. The table below shows the perfect tense of lavarse in full.

(Subject pronoun)	Reflexive pronoun	Present tense of haber	Past Participle	Meaning
(yo)	me	he	lavado	I have washed
(tú)	te	has	lavado	you have washed
(él, ella, uno) (usted)	se	ha	lavado	he has washed she has washed one has washed it has washed you have washed
(nosotros) (nosotras)	nos	hemos	lavado	we have washed we have washed
(vosotros) (vosotras)	os	habéis	lavado	you have washed you have washed
(ellos) (ellas) (ustedes)	se	han	lavado	they have washed they have washed you have washed

For further explanation of grammatical terms, please see pages 6-9.

The pluperfect or past perfect tense

Forming the pluperfect tense

Like the perfect tense, the pluperfect tense in Spanish has two parts to it:

- the imperfect tense of the verb haber (meaning *to have*)
- the past participle.

The table below shows how you can combine the imperfect tense of haber with the past participle of any verb to form the pluperfect tense. Here, the past participles are taken from the following regular verbs: hablar (meaning *to speak*); trabajar (meaning *to work*); comer (meaning *to eat*); vender (meaning *to sell*); vivir (meaning *to live*); decidir (meaning *to decide*).

(Subject pronoun)	Imperfect of haber	Past Participle	Meaning
(yo)	había	hablado	I had spoken
(tú)	habías	trabajado	you had worked
(él/ella/usted)	había	comido	he/she/it/you had eaten
(nosotros/nosotras)	habíamos	vendido	we had sold
(vosotros/vosotras)	habíais	vivido	you had lived
(ellos/ellas/ustedes)	habían	decidido	they/you had decided

Había decidido escribirle. I had decided to write to her.
No había trabajado antes. He hadn't worked before.
Había vendido su caballo. She had sold her horse.
Ya habíamos comido. We had already eaten.
Habían hablado con el médico. They had spoken to the doctor.

Remember that some very common verbs have irregular past participles.

abrir (*to open*)	>	abierto (*opened*)
cubrir (*to cover*)	>	cubierto (*covered*)
decir (*to say*)	>	dicho (*said*)
escribir (*to write*)	>	escrito (*written*)
freír (*to fry*)	>	frito (*fried*)
hacer (*to do, to make*)	>	hecho (*done, made*)
morir (*to die*)	>	muerto (*died*)
oír (*to hear*)	>	oído (*heard*)
poner (*to put*)	>	puesto (*put*)
romper (*to break*)	>	roto (*broken*)
ver (*to see*)	>	visto (*seen*)
volver (*to return*)	>	vuelto (*returned*)

No <u>había dicho</u> nada. He hadn't said anything.
Tres personas <u>habían muerto</u>. Three people had died.

había/habías/habían and so on must <u>NEVER</u> be separated from the past participle. Any object pronouns go before the form of haber being used, and <u>NOT</u> between the form of haber and the past participle.

No lo había visto. I hadn't seen it.

Reflexive verbs in the pluperfect tense

The pluperfect tense of reflexive verbs is formed in the same way as for ordinary verbs. The reflexive pronouns (me, te, se, nos, os, se) come before había, habías, había, and so on. The table on the next page shows the pluperfect tense of lavarse in full.

(Subject pronoun)	Reflexive pronoun	Imperfect tense of haber	Past Participle	Meaning
(yo)	me	había	lavado	I had washed
(tú)	te	habías	lavado	you had washed
(él, ella, uno) (usted)	se	había	lavado	he had washed she had washed one had washed it had washed you had washed
(nosotros) (nosotras)	nos	habíamos	lavado	we had washed we had washed
(vosotros) (vosotras)	os	habíais	lavado	you had washed you had washed
(ellos) (ellas) (ustedes)	se	habían	lavado	they had washed they had washed you had washed

The passive

Forming the passive

In English, we use the verb *to be* with a <u>past participle</u> (*was painted, were seen, are made*) to form the passive. In Spanish, the passive is formed in exactly the same way, using the verb ser (meaning *to be*) and a <u>past participle</u>. When you say who the action is or was done by, you use the preposition por (meaning *by*).

<u>Son fabricados</u> en España. They're made in Spain.
<u>Fue escrito</u> por JK Rowling. It was written by JK Rowling.
La casa <u>fue construida</u> en 1956. The house was built in 1956.
El cuadro <u>fue pintado</u> por mi padre. The picture was painted by my father.
El colegio va a <u>ser modernizado</u>. The school is going to be modernized.

Note that the ending of the past participle agrees with the subject of the verb ser in exactly the same way as an adjective would.

Here is the preterite of the -ar verb enviar (meaning *to send*) in its passive form.

(Subject pronoun)	Preterite of ser	Past Participle	Meaning
(yo)	fui	enviado (masculine) enviada (feminine)	I was sent
(tú)	fuiste	enviado (masculine) enviada (feminine)	you were sent
(él)	fue	enviado	he was sent
(ella)		enviada	she was sent
(usted)		enviado (masculine) enviada (feminine)	you were sent

(Subject pronoun)	Preterite of ser	Past Participle	Meaning
(nosotros)	fuimos	enviados	we were sent
(nosotras)		enviadas	we were sent
(vosotros)	fuisteis	enviados	you were sent
(vosotras)		enviadas	you were sent
(ellos)	fueron	enviados	they were sent
(ellas)		enviadas	they were sent
(ustedes)		enviados (masculine)	you were sent
		enviadas (feminine)	you were sent

You can form other tenses in the passive by changing the tense of the verb ser.

Future:　serán enviados　　they will be sent
Perfect:　han sido enviados　they have been sent

Irregular past participles are the same as they are in the perfect tense. These are shown for many common verbs in the **Verb Tables** at the back of the book.

The gerund

Forming the gerund of regular verbs

To form the gerund of regular -ar verbs, take off the -ar ending of the infinitive to form the stem, and add -ando.

Infinitive	Stem	Gerund
hablar	habl-	hablando
trabajar	trabaj-	trabajando

To form the gerund of regular -er and -ir verbs, take off the -er and -ir ending of the infinitive to form the stem, and add -iendo.

Infinitive	Stem	Gerund
comer	com-	comiendo
vivir	viv-	viviendo

Position of pronouns with the gerund

Object pronouns and reflexive pronouns are attached to the end of the gerund or alternatively put before estar in continuous tenses.

> Estoy hablándote or Te estoy hablando. I'm talking to you.
> Está vistiéndose or Se está vistiendo. He's getting dressed.
> Estaban mostrándoselo or Se lo estaban mostrando.
> They were showing it to him/her/them/you.

Note that you will always have to add an accent to keep the stress in the same place when adding pronouns to the end of a gerund.

For further explanation of grammatical terms, please see pages 6-9.

The subjunctive

Forming the present subjunctive

To form the present subjunctive of most verbs, take off the -o ending of the yo form of the present simple, and add a fixed set of endings.

For -ar verbs, the endings are: -e, -es, -e, -emos, -éis, -en.

For both -er and -ir verbs, the endings are: -a, -as, -a, -amos, -áis, -an.

The following table shows the present subjunctive of three regular verbs: hablar (meaning *to speak*), comer (meaning *to eat*) and vivir (meaning *to live*).

Infinitive	(yo)	(tú)	(él) (ella) (usted)	(nosotros) (nosotras)	(vosotros) (vosotras)	(ellos) (ellas) (ustedes)
hablar *to speak*	hable	hables	hable	hablemos	habléis	hablen
comer *to eat*	coma	comas	coma	comamos	comáis	coman
vivir *to live*	viva	vivas	viva	vivamos	viváis	vivan

Quiero que <u>comas</u> algo. I want you to eat something.
Me sorprende que no <u>hable</u> inglés. I'm surprised he doesn't speak English.
No es verdad que <u>trabajen</u> aquí. It isn't true that they work here.

Some verbs have very irregular yo forms in the ordinary present tense and these irregular forms are reflected in the stem for the present subjunctive.

Infinitive	(yo)	(tú)	(él) (ella) (usted)	(nosotros) (nosotras)	(vosotros) (vosotras)	(ellos) (ellas) (ustedes)
decir to say	diga	digas	diga	digamos	digáis	digan
hacer to do/make	haga	hagas	haga	hagamos	hagáis	hagan
poner to put	ponga	pongas	ponga	pongamos	pongáis	pongan
salir to leave	salga	salgas	salga	salgamos	salgáis	salgan
tener to have	tenga	tengas	tenga	tengamos	tengáis	tengan
venir to come	venga	vengas	venga	vengamos	vengáis	vengan

Voy a limpiar la casa antes de que <u>vengan</u>.
I'm going to clean the house before they come.

Note that only the vosotros form has an accent.

The present subjunctive endings are the opposite of what you'd expect, as -ar verbs have endings starting with -e, and -er and -ir verbs have endings starting with -a.

Forming the present subjunctive of radical-changing verbs

Verbs that change their stems (<u>radical-changing verbs</u>) in the ordinary present usually change them in the same way in the present subjunctive.

For further explanation of grammatical terms, please see pages 6-9.

Infinitive	(yo)	(tú)	(él)(ella)(usted)	(nosotros)(nosotras)	(vosotros)(vosotras)	(ellos)(ellas)(ustedes)
pensar *to think*	piense	pienses	piense	pensemos	penséis	piensen
entender *to understand*	entienda	entiendas	entienda	entendamos	entendáis	entiendan
poder *to be able*	pueda	puedas	pueda	podamos	podáis	puedan
querer *to want*	quiera	quieras	quiera	queramos	queráis	quieran
volver *to return*	vuelva	vuelvas	vuelva	volvamos	volváis	vuelvan

No hace falta que <u>vuelvas</u>. There's no need for you to come back.

Me alegro de que <u>puedas</u> venir. I'm pleased you can come.

Sometimes the stem of the nosotros and vosotros forms isn't the same as it is in the ordinary present tense.

Infinitive	(yo)	(tú)	(él)(ella)(usted)	(nosotros)(nosotras)	(vosotros)(vosotras)	(ellos)(ellas)(ustedes)
dormir *to sleep*	duerma	duermas	duerma	durmamos	durmáis	duerman
morir *to die*	muera	mueras	muera	muramos	muráis	mueran
pedir *to ask for*	pida	pidas	pida	pidamos	pidáis	pidan
seguir *to follow*	siga	sigas	siga	sigamos	sigáis	sigan
sentir *to feel*	sienta	sientas	sienta	sintamos	sintáis	sientan

Lo hace sin que se lo <u>pidamos</u>.
She does it without our asking her.
Vendré a veros cuando os <u>sintáis</u> mejor.
I'll come and see you when you feel better.

Forming the imperfect subjunctive

For all verbs, there are <u>two</u> imperfect subjunctive forms that are exactly the same in meaning.

The stem for both imperfect subjunctive forms is the same: you take off the -aron or -ieron ending of the ellos form of the preterite and add a fixed set of endings to what is left.

For -ar verbs, the endings are: -ara, -aras, -ara, -áramos, -arais, -aran or -ase, -ases, -ase, -ásemos, -aseis, -asen. The first form is more common.

For -er and -ir verbs, the endings are: -iera, -ieras, -iera, -iéramos, -ierais, -ieran or -iese, -ieses, -iese, -iésemos, -ieseis, -iesen. The first form is more common.

The following table shows the subjunctive of three regular verbs: hablar (meaning to speak), comer (meaning to eat) and vivir (meaning to live).

Infinitive	(yo)	(tú)	(él) (ella) (usted)	(nosotros) (nosotras)	(vosotros) (vosotras)	(ellos) (ellas) (ustedes)
hablar	hablara	hablaras	hablara	habláramos	hablarais	hablaran
to speak	hablase	hablases	hablase	hablásemos	hablaseis	hablasen
comer	comiera	comieras	comiera	comiéramos	comierais	comieran
to eat	comiese	comieses	comiese	comiésemos	comieseis	comiesen
vivir	viviera	vivieras	viviera	viviéramos	vivierais	vivieran
to live	viviese	vivieses	viviese	viviésemos	vivieseis	viviesen

For further explanation of grammatical terms, please see pages 6-9.

Many verbs have irregular preterite forms which are reflected in the stem for the imperfect subjunctive. For example:

Infinitive	(yo)	(tú)	(él) (ella) (usted)	(nosotros) (nosotras)	(vosotros) (vosotras)	(ellos) (ellas) (ustedes)
dar	diera	dieras	diera	diéramos	dierais	dieran
to give	diese	dieses	diese	diésemos	dieseis	diesen
estar	estuviera	estuvieras	estuviera	estuviéramos	estuvierais	estuvieran
to be	estuviese	estuvieses	estuviese	estuviésemos	estuvieseis	estuviesen
hacer	hiciera	hicieras	hiciera	hiciéramos	hicierais	hicieran
to do/make	hiciese	hicieses	hiciese	hiciésemos	hicieseis	hiciesen
poner	pusiera	pusieras	pusiera	pusiéramos	pusierais	pusieran
to put	pusiese	pusieses	pusiese	pusiésemos	pusieseis	pusiesen
tener	tuviera	tuvieras	tuviera	tuviéramos	tuvierais	tuvieran
to have	tuviese	tuvieses	tuviese	tuviésemos	tuvieseis	tuviesen
venir	viniera	vinieras	viniera	viniéramos	vinierais	vinieran
to come	viniese	vinieses	viniese	viniésemos	vinieseis	viniesen

Forming the imperfect subjunctive of some irregular -ir verbs

In some irregular -ir verbs – the ones that don't have an i in the ellos form of the preterite – -era, -eras, -era, -éramos, -erais, -eran or -ese, -eses, -ese, -ésemos, -eseis, -esen are added to the preterite stem instead of -iera, -iese and so on.

Infinitive	(yo)	(tú)	(él) (ella) (usted)	(nosotros) (nosotras)	(vosotros) (vosotras)	(ellos) (ellas) (ustedes)
decir	dijera	dijeras	dijera	dijéramos	dijerais	dijeran
to say	dijese	dijeses	dijese	dijésemos	dijeseis	dijesen
ir	fuera	fueras	fuera	fuéramos	fuerais	fueran
to go	fuese	fueses	fuese	fuésemos	fueseis	fuesen
ser	fuera	fueras	fuera	fuéramos	fuerais	fueran
to be	fuese	fueses	fuese	fuésemos	fueseis	fuesen

Accents

When pronouns are added to the end of gerunds (the -ando/-iendo form of the verb), infinitives (the form of the verb ending in -ar, -er or -ir) or positive imperatives (instructions to do something), you often have to add an accent to show that the stress remains the same.

You should always add an accent to a gerund when attaching one or more pronouns:

> Estoy bañándome. I'm taking a bath.
> Está limpiándotelo. He's cleaning it for you.
> Estaba diciéndoselo. I was telling her.

You should only add an accent to an infinitive when adding two pronouns:

> Quiero limpiártelo. I want to clean it for you.
> ¿Podrías hacérmelo? Could you do it for me?
> Habría que decírselo. Somebody should tell her.

Don't add an accent when adding only one pronoun to an infinitive:

> Tengo que peinarme. I must comb my hair.
> Debo conseguirlo. I must get it.

In positive imperatives (instructions to do something) an accent is usually required when attaching one or more pronouns:

> Tómalo. Take it.
> Dígame la verdad. Tell me the truth.
> Cárguelo a mi cuenta. Put it on my account.
> ¡Levantémonos! Let's get up!
> ¡Digámoselo! Let's tell him!

For further explanation of grammatical terms, please see pages 6-9.

Súbanmelo a casa. Bring it up to my house.

Díganmelo claro. Tell me clearly.

Confírmenmelo en cuanto puedan. Confirm it as soon as you can.

¡Arrepiéntanse! Repent!

However, you don't add an accent when adding just one pronoun to a one-syllable imperative or a vosotros imperative in-ar or-er verbs:

Acompañadle. Go with him.

Dame uno. Give me one.

Hazlo lo más pronto possible. Do it as soon as possible.

Verb Combinations

Verbs followed by the infinitive with no preposition

Some Spanish verbs and groups of verbs can be followed by an infinitive with no preposition:

- poder (meaning *to be able to, can, may*), saber (meaning *to know how to, can*), querer (meaning *to want*) and deber (meaning *to have to, must*)

  > No <u>puede venir</u>. He can't come.
  > ¿<u>Sabes esquiar</u>? Can you ski?
  > <u>Quiere estudiar</u> medicina. He wants to study medicine.
  > <u>Debes hacerlo</u>. You must do it.

- verbs like gustar, encantar and apetecer, where the infinitive is the subject of the verb

  > <u>Me gusta estudiar</u>. I like studying.
  > <u>Nos encanta bailar</u>. We love dancing.
  > ¿<u>Te apetece ir</u> al cine? Would you like to go to the movies?

- verbs that relate to seeing or hearing, such as ver (meaning *to see*) and oír (meaning *to hear*)

  > Nos <u>vio llegar</u>. He saw us arrive.
  > Te <u>oí cantar</u>. I heard you singing.

- the verbs hacer (meaning *to make*) and dejar (meaning *to let*)

  > ¡No me <u>hagas reír</u>! Don't make me laugh!
  > Mis padres no me <u>dejan salir</u> por la noche.
  > My parents don't let me go out at night.

For further explanation of grammatical terms, please see pages 6-9.

- the following common verbs

  decidir to decide
  Han <u>decidido comprarse</u> una casa. They've decided to buy a house.

  desear to wish, want
  No <u>desea tener</u> más hijos. She doesn't want to have any more children.

  esperar to hope
  <u>Espero poder</u> ir. I hope to be able to go.

  evitar to avoid
  <u>Evita gastar</u> demasiado dinero. Avoid spending too much money.

  necesitar to need
  <u>Necesito salir</u> un momento. I need to go out for a moment.

  olvidar to forget
  <u>Olvidó dejar</u> su dirección. She forgot to leave her address.

  pensar to think, to intend
  <u>Pienso volver</u> pronto. I intend to come back soon.

  preferir to prefer
  <u>Prefiero ir</u> mañana. I'd prefer to go tomorrow.

  recordar to remember
  <u>Recuerdo haberlo</u> visto. I remember having seen it.

  sentir to be sorry, to regret
  <u>Siento molestarte</u>. I'm sorry to bother you.

Some of these verbs combine with infinitives to make set phrases with a special meaning:

querer decir to mean
¿Qué <u>quiere decir</u> eso? What does that mean?

dejar caer to drop
<u>Dejó caer</u> las llaves. She dropped the keys.

Verbs followed by the preposition a and the infinitive

The following verbs are the most common ones that can be followed by a and the infinitive:

- verbs relating to movement such as ir (meaning *to go*) and venir (meaning *to come*)

    Se va a comprar un caballo. He's going to buy a horse.
    Viene a vernos. He's coming to see us.

- the following common verbs

    aprender a hacer algo to learn to do something
    Me gustaría aprender a nadar. I'd like to learn to swim.

    comenzar a hacer algo to begin to do something
    Comenzó a llover. It began to rain.

    decidirse a hacer algo to decide to do something
    Ojalá se decida a visitarnos I hope she decides to visit us.

    empezar a hacer algo to begin to do something
    Ha empezado a nevar. It's started snowing.

    llegar a hacer algo to manage to do something
    No llegó a terminarlo. She didn't manage to finish it.

    llegar a ser algo to become something
    Llegó a ser primer ministro. He became prime minister.

    probar a hacer algo to try doing something
    Prueba a hacerlo más lentamente.
    Try doing it more slowly.

volver a hacer algo to do something again
No vuelvas a hacerlo nunca más. Don't ever do it again.

The following verbs can be followed by a and a person's name or else by a and a noun or pronoun referring to a person, and then by another a and an infinitive.

ayudar a alguien a hacer algo to help someone to do something
¿Le podrías ayudar a Antonia a poner la mesa?
Could you help Antonia set the table?

enseñar a alguien a hacer algo to teach someone to do something
Le enseñó a su hermano a nadar. He taught his brother to swim.

invitar a alguien a hacer algo to invite someone to do something
Los invité a tomar unas copas en casa.
I invited them over for drinks.

Verbs followed by the preposition de and the infinitive

The following verbs are the most common ones that can be followed by de and the infinitive:

aburrirse de hacer algo to get bored with doing something
Me aburro de hacer siempro lo mismo.
I get bored with doing the same thing all the time.

acabar de hacer algo to have just done something
Acabo de comprar un celular. I've just bought a cell phone.
Acababan de llegar cuando… They had just arrived when…

acordarse de haber hecho algo/de hacer algo
to remember having done something/to do something
Acuérdate de cerrar la puerta con llave. Remember to lock the door.
Me acuerdo de haberle dado el dinero. I remember giving her the money.

alegrarse de hacer algo to be glad to do something
Me alegro de verte. I'm glad to see you.

dejar de hacer algo to stop doing something
¿Quieres dejar de hablar? Will you stop talking?

tener ganas de hacer algo to want to do something
Tengo ganas de volver a España. I want to go back to Spain.

tratar de hacer algo to try to do something
Traté de no pensar en ella. I tried not to think about her.

Verbs followed by the preposition con and the infinitive

The following verbs are the most common ones that can be followed by con and the infinitive:

amenazar con hacer algo to threaten to do something
Amenazó con denunciarlos. He threatened to report them.

soñar con hacer algo to dream about doing something
Sueño con vivir en Europa. I dream about living in Europe.

Verbs followed by the preposition en and the infinitive

The verb quedar is the most common one that can be followed by en and the infinitive:

quedar en hacer algo to agree to do something
Habíamos quedado en encontrarnos a las ocho.
We had agreed to meet at eight.

Verbs followed by a and an object

a is often the equivalent of the English word *to* when it is used with an indirect object after verbs like mandar (meaning *to send*), dar (meaning *to give*), and decir (meaning *to say*).

> darle algo a alguien to give something to someone
> Se lo di a Teresa. I gave it to Teresa.

> decirle algo a alguien to say something to someone
> ¿A quién se lo dijo? Who did she tell?

> Mandarle algo a alguien to send something to someone
> Tendrías que enviárselo a mi padre. You should send it to my father.

> escribirle a alguien to write something to someone
> ¿Le has escrito a tu tía? Have you written to your aunt?

> mostrarle algo a alguien to show something to someone
> Quería mostrárselo al médico. I wanted to show it to the doctor.

Here are some verbs taking a in Spanish that have a different construction in English.

> asistir a algo to attend something, to be at something
> No asistieron a la ceremonia. They didn't go to the ceremony.

> dirigirse a (un lugar) to head for (a place)
> Se dirigió a la terminal del aeropuerto. He headed for the airport terminal.

> dirigirse a alguien to address somebody
> El Presidente se dirigió a la nación. The President addressed the nation.

> jugar (a) algo to play something (sports/games)
> Están jugando (al) ajedrez. They're playing chess.

llegar a (un lugar) to arrive at (a place)
¿A qué hora llegaste a casa? What time did you get home?

oler a algo to smell of something
Este perfume huele a jazmín. This perfume smells of jasmine.

parecerse a alguien/algo to look like somebody/something
Te pareces mucho a tu madre. You look very much like your mother.

subir(se) a un tren/un coche to get on a train/into a car
Nos subimos al taxi. We got into the cab.
No (se) subió al tren. He didn't get on the train.

subir(se) a un árbol to climb a tree
Se cayó al subirse a un árbol. He fell while climbing a tree.

tenerle miedo a alguien to be afraid of somebody
Le tenían miedo a su padre. They were afraid of their father.

Verbs followed by de and an object

Here are some verbs taking de in Spanish that have a different construction in English:

acordarse de algo/alguien to remember something/somebody
¿Te acuerdas de mí? Do you remember me?

alegrarse de algo to be glad about something
Me alegro de tu ascenso. I'm glad about your promotion.

bajarse de un avión/un coche to get off a plane/out of a car
Se bajó del taxi. He got out of the cab.

darse cuenta de algo to realize something
Me di cuenta de que ya no lo quería.
I realized I no longer loved him.

depender de algo/alguien to depend on something/somebody
No depende de mí. It doesn't depend on me.

despedirse de alguien to say goodbye to somebody
Se fue sin despedirse de nosotros. He left without saying goodbye to us.

quejarse de algo to complain about something
Se quejaba de la falta de información.
He was complaining about the lack of information.

reírse de algo/alguien to laugh at something/somebody
¿De qué te ríes? What are you laughing at?

salir de (un cuarto/un edificio) to leave (a room/a building)
¿A qué hora sales de la oficina? What time do you leave the office?

tener miedo <u>de</u> algo to be afraid of something
Tiene miedo <u>de</u> la oscuridad. He's afraid of the dark.

trabajar <u>de</u> (enfermero/secretario) to work as (a nurse/secretary)
Trabajo <u>de</u> guía turística. I work as a tour guide.

tratarse <u>de</u> algo/alguien
to be a question of something/to be about somebody
Se trata de tu padre. It's about your father.

Verbs followed by con and an object

Here are some verbs taking con in Spanish that sometimes have a different construction in English:

comparar algo/a alguien con algo/alguien
to compare something/somebody with something/somebody
Siempre me comparan con mi hermana.
I'm always being compared to my sister.

contar con alguien/algo to rely on somebody/something
Cuento contigo. I'm relying on you.

encontrarse con alguien to meet somebody (by chance)
Me encontré con ella al salir del banco.
I met her as I was coming out of the bank.

enojarse con alguien to get annoyed with somebody
No te enojes con él, lo hizo sin querer.
Don't be annoyed with him, he didn't mean to do it.

estar de acuerdo con alguien/algo to agree with somebody/something
Estoy totalmente de acuerdo contigo. I totally agree with you.

hablar con alguien to talk to somebody
¿Puedo hablar con usted un momento? May I talk to you for a moment?

soñar con alguien/algo to dream about somebody/something
Ayer soñé con él. I dreamed about him yesterday.

Verbs followed by en and an object

Here are some verbs taking en in Spanish that sometimes have a different construction in English:

entrar en (un edificio/un cuarto) to enter, go into (a building/a room)
Entré en la casa. I went into the house.

pensar en algo/alguien to think about something/somebody
No quiero pensar en eso. I don't want to think about that.

trabajar en (una oficina/una fábrica) to work in (an office/a factory)
Trabaja en un banco. She works in a bank.

Verbs followed by por and an object

Here are some verbs taking por in Spanish that have a different construction in English:

> interesarse <u>por</u> algo/alguien to be interested in something/somebody or to ask about something/somebody
> Me interesaba mucho <u>por</u> la arqueología.
> I was very interested in archaeology.
> Llamó para interesarse por su salud. He called to ask about her health.

> preguntar <u>por</u> alguien to ask for/about somebody
> Si preguntan <u>por</u> mí, diles que no estoy.
> If they ask about me, say I'm not in here.

> preocuparse <u>por</u> algo/alguien to worry about something/somebody
> Se preocupa mucho <u>por</u> su apariencia.
> He worries a lot about his appearance.

Verbs taking a direct object in Spanish but not in English

In English there are a few verbs that are followed by *at*, *for* or *to* which, in Spanish, are not followed by any preposition other than the personal a where required.

mirar algo/a alguien to look at something/somebody
Mira esta foto. Look at this photo.
Mira a aquella mujer. Look at that woman.

escuchar algo/a alguien to listen to something/somebody
Me gusta escuchar música. I like listening to music.

buscar algo/a alguien to look for something/somebody
Estoy buscando mis guantes. I'm looking for my gloves.

pedir algo to ask for something
Pidió más tiempo. He asked for more time.

esperar algo/a alguien to wait for something/somebody
Estamos esperando el tren. We're waiting for the train.
Espera a tu hermana. Wait for your sister.

pagar algo to pay for something
¿Quién pagó la cena? Who paid for dinner?

Verbs followed by personal a

Spanish speakers use a in a way that has no equivalent in English. They use it before nouns referring to specific people and pets when these are the direct object of a verb:

¿Conoces a Maite? Do you know Maite?
Quiere a Pablo. She loves Pablo.
No vi a Juan. I didn't see Juan.
Quiero invitar a Teresa a cenar. I want to invite Teresa to supper.
Llama a un médico. Call a doctor.

Personal a is also used before certain pronouns referring to people (but NOT object pronouns):

No conozco a nadie. I don't know anybody.
¿Viste a alguien? Did you see anyone?
¿A quién llamaste? Who did you call?

Personal a is NOT normally used after tener (meaning *to have*):

Tengo dos hermanas. I've got two sisters.
Tiene un perro. He's got a dog.

Leabharlanna Poiblí Chathair Bhaile Átha Cliath
Dublin City Public Libraries

VERB TABLES

Introduction

The **Verb Tables** in the following section contain 120 tables of Spanish verbs (some regular and some irregular) in alphabetical order. Each table shows you the following forms: **Present, Present Perfect, Preterite, Imperfect, Future, Conditional, Present Subjunctive, Imperfect Subjunctive, Imperative,** and the **Past Participle** and **Gerund**. For more information on these tenses and how they are formed you should look at the section on Verb Formation in the main text on pages 10–55.

In order to help you use the verbs shown in the **Verb Tables** correctly, there are also a number of example phrases at the bottom of each page to show the verb as it is used in context.

In Spanish there are both **regular** verbs (their forms follow the normal rules) and **irregular** verbs (their forms do not follow the normal rules). The regular verbs in these tables that you can use as models for other regular verbs are:

hablar (regular -**ar** verb, Verb Table 118–119)
comer (regular -**er** verb, Verb Table 48–49)
vivir (regular -**ir** verb, Verb Table 234–235)

The irregular verbs are shown in full.

The **Verb Index** at the end of this section contains over 1,200 verbs, each of which is cross-referred to one of the verbs given in the Verb Tables. The table shows the patterns that the verb listed in the index follows.

abolir (to abolish)

	PRESENT		PRESENT PERFECT
(yo)			he abolido
(tú)			has abolido
(él/ella/usted)			ha abolido
(nosotros/as)	**abolimos**		hemos abolido
(vosotros/as)	**abolís**		habéis abolido
(ellos/ellas/ ustedes)			han abolido

Present tense only used in persons shown

	PRETERITE	IMPERFECT
(yo)	**abolí**	abolía
(tú)	**aboliste**	abolías
(él/ella/usted)	**abolió**	abolía
(nosotros/as)	**abolimos**	abolíamos
(vosotros/as)	**abolisteis**	abolíais
(ellos/ellas/ ustedes)	**abolieron**	abolían

GERUND
aboliendo

PAST PARTICIPLE
abolido

EXAMPLE PHRASES

Hay que **abolir** esta ley. This law should be abolished.

Habían abolido la pena de muerte. They had abolished the death penalty.

Abolieron la esclavitud. They abolished slavery.

Remember that subject pronouns are not used very often in Spanish.

abolir

	FUTURE	**CONDITIONAL**
(yo)	aboliré	aboliría
(tú)	abolirás	abolirías
(él/ella/usted)	abolirá	aboliría
(nosotros/as)	aboliremos	aboliríamos
(vosotros/as)	aboliréis	aboliríais
(ellos/ellas/ ustedes)	abolirán	abolirían

	PRESENT SUBJUNCTIVE	**IMPERFECT SUBJUNCTIVE**
(yo)	*not used*	aboliera *or* aboliese
(tú)		abolieras *or* abolieses
(él/ella/usted)		aboliera *or* aboliese
(nosotros/as)		aboliéramos *or* aboliésemos
(vosotros/as)		abolierais *or* abolieseis
(ellos/ellas/ ustedes)		abolieran *or* aboliesen

IMPERATIVE
abolid

EXAMPLE PHRASES

Prometieron que **abolirían** la censura. They promised they'd abolish
censorship.

Remember that subject pronouns are not used very often in Spanish.

abrir (to open)

	PRESENT		PRESENT PERFECT
(yo)	abro		he abierto
(tú)	abres		has abierto
(él/ella/usted)	abre		ha abierto
(nosotros/as)	abrimos		hemos abierto
(vosotros/as)	abrís		habéis abierto
(ellos/ellas/ ustedes)	abren		han abierto

	PRETERITE		IMPERFECT
(yo)	abrí		abría
(tú)	abriste		abrías
(él/ella/usted)	abrió		abría
(nosotros/as)	abrimos		abríamos
(vosotros/as)	abristeis		abríais
(ellos/ellas/ ustedes)	abrieron		abrían

GERUND
abriendo

PAST PARTICIPLE
abierto

EXAMPLE PHRASES

Hoy **se abre** el periodo de inscripciones. Registration begins today.

Han abierto un nuevo restaurante cerca de aquí. They've opened a new restaurant near here.

¿Quién **abrió** la ventana? Who opened the window?

La llave **abría** el armario. The key opened the closet.

Remember that subject pronouns are not used very often in Spanish.

abrir

	FUTURE	**CONDITIONAL**
(yo)	abriré	abriría
(tú)	abrirás	abrirías
(él/ella/usted)	abrirá	abriría
(nosotros/as)	abriremos	abriríamos
(vosotros/as)	abriréis	abriríais
(ellos/ellas/ustedes)	abrirán	abrirían

	PRESENT SUBJUNCTIVE	**IMPERFECT SUBJUNCTIVE**
(yo)	abra	abriera or abriese
(tú)	abras	abrieras or abrieses
(él/ella/usted)	abra	abriera or abriese
(nosotros/as)	abramos	abriéramos or abriésemos
(vosotros/as)	abráis	abrierais or abrieseis
(ellos/ellas/ustedes)	abran	abrieran or abriesen

IMPERATIVE

abre / abrid

Use the present subjunctive in all cases other than these tú and vosotros affirmative forms.

EXAMPLE PHRASES

Abrirán todas las puertas de la catedral. They'll open all the doors of the cathedral.

Me dijo que hoy **abrirían** sólo por la tarde. He told me that they'd only be open in the evening today.

No creo que **abran** un nuevo supermercado por aquí. I don't think they'll open a new supermarket here.

No **abras** esa llave. Don't turn on that faucet.

Remember that subject pronouns are not used very often in Spanish.

actuar (to act)

	PRESENT	PRESENT PERFECT
(yo)	actúo	he actuado
(tú)	actúas	has actuado
(él/ella/usted)	actúa	ha actuado
(nosotros/as)	actuamos	hemos actuado
(vosotros/as)	actuáis	habéis actuado
(ellos/ellas/ustedes)	actúan	han actuado

	PRETERITE	IMPERFECT
(yo)	actué	actuaba
(tú)	actuaste	actuabas
(él/ella/usted)	actuó	actuaba
(nosotros/as)	actuamos	actuábamos
(vosotros/as)	actuasteis	actuabais
(ellos/ellas/ustedes)	actuaron	actuaban

GERUND
actuando

PAST PARTICIPLE
actuado

EXAMPLE PHRASES

Actúa de una forma muy rara. He's acting very strangely.

Actuó siguiendo un impulso. He acted on impulse.

Ha actuado en varias películas. He has been in several movies.

Actuaba como si no supiera nada. She was behaving as if she didn't know anything about it.

Remember that subject pronouns are not used very often in Spanish.

actuar

	FUTURE	CONDITIONAL
(yo)	actuaré	actuaría
(tú)	actuarás	actuarías
(él/ella/usted)	actuará	actuaría
(nosotros/as)	actuaremos	actuaríamos
(vosotros/as)	actuaréis	actuaríais
(ellos/ellas/ ustedes)	actuarán	actuarían

	PRESENT SUBJUNCTIVE	IMPERFECT SUBJUNCTIVE
(yo)	actúe	actuara or actuase
(tú)	actúes	actuaras or actuases
(él/ella/usted)	actúe	actuara or actuase
(nosotros/as)	actuemos	actuáramos or actuásemos
(vosotros/as)	actuéis	actuarais or actuaseis
(ellos/ellas/ ustedes)	actúen	actuaran or actuasen

IMPERATIVE

actúa / actuad

Use the present subjunctive in all cases other than these tú and vosotros affirmative forms.

EXAMPLE PHRASES

¿Quién **actuará** en su próxima película? Who will be in his next movie?

Yo nunca **actuaría** así. I'd never behave like that.

Si **actuara** de forma más lógica, sería más fácil atraparlo. It would be easier to catch him if he behaved in a more logical way.

Actúa como mejor te parezca. Do as you think best.

Remember that subject pronouns are not used very often in Spanish.

adquirir (to acquire; to obtain; to purchase)

	PRESENT		PRESENT PERFECT
(yo)	adquiero		he adquirido
(tú)	adquieres		has adquirido
(él/ella/usted)	adquiere		ha adquirido
(nosotros/as)	adquirimos		hemos adquirido
(vosotros/as)	adquirís		habéis adquirido
(ellos/ellas/ ustedes)	adquieren		han adquirido

	PRETERITE		IMPERFECT
(yo)	adquirí		adquiría
(tú)	adquiriste		adquirías
(él/ella/usted)	adquirió		adquiría
(nosotros/as)	adquirimos		adquiríamos
(vosotros/as)	adquiristeis		adquiríais
(ellos/ellas/ ustedes)	adquirieron		adquirían

GERUND
adquiriendo

PAST PARTICIPLE
adquirido

EXAMPLE PHRASES

Adquiere cada vez mayor importancia. It's becoming more and more important.

Está adquiriendo una reputación que no merece. It's getting a reputation it doesn't deserve.

Han adquirido más acciones. They've purchased more stock.

Con el tiempo **adquirió** madurez. Over the years he gained maturity.

Remember that subject pronouns are not used very often in Spanish.

adquirir

	FUTURE	CONDITIONAL
(yo)	adquiriré	adquiriría
(tú)	adquirirás	adquirirías
(él/ella/usted)	adquirirá	adquiriría
(nosotros/as)	adquiriremos	adquiriríamos
(vosotros/as)	adquiriréis	adquiriríais
(ellos/ellas/ ustedes)	adquirirán	adquirirían

	PRESENT SUBJUNCTIVE	IMPERFECT SUBJUNCTIVE
(yo)	adquiera	adquiriera *or* adquiriese
(tú)	adquieras	adquirieras *or* adquirieses
(él/ella/usted)	adquiera	adquiriera *or* adquiriese
(nosotros/as)	adquiramos	adquiriéramos *or* adquiriésemos
(vosotros/as)	adquiráis	adquirierais *or* adquirieseis
(ellos/ellas/ ustedes)	adquieran	adquirieran *or* adquiriesen

IMPERATIVE
adquiere / adquirid

Use the present subjunctive in all cases other than these tú and vosotros affirmative forms.

EXAMPLE PHRASES

Al final **adquirirán** los derechos de publicación. They will get the publishing rights in the end.

Adquiera o no la nacionalidad, podrá permanecer en el país. She'll be able to stay in the country whether she gets citizenship or not.

Tenía gran interés en que **adquiriera** el cuadro. He was eager that she should purchase the picture.

Remember that subject pronouns are not used very often in Spanish.

advertir (to warn; to notice)

	PRESENT		PRESENT PERFECT
(yo)	advierto		he advertido
(tú)	adviertes		has advertido
(él/ella/usted)	advierte		ha advertido
(nosotros/as)	advertimos		hemos advertido
(vosotros/as)	advertís		habéis advertido
(ellos/ellas/ ustedes)	advierten		han advertido

	PRETERITE		IMPERFECT
(yo)	advertí		advertía
(tú)	advertiste		advertías
(él/ella/usted)	advirtió		advertía
(nosotros/as)	advertimos		advertíamos
(vosotros/as)	advertisteis		advertíais
(ellos/ellas/ ustedes)	advirtieron		advertían

GERUND
advirtiendo

PAST PARTICIPLE
advertido

EXAMPLE PHRASES

Te **advierto** que no va a ser nada fácil. I must warn you that it won't be at all easy.

No **había advertido** nada extraño en su comportamiento. I hadn't noticed anything strange about his behavior.

Ya te **advertí** que no intervinieras. I warned you not to get involved.

Las señales **advertían** del peligro. The signs warned of danger.

Remember that subject pronouns are not used very often in Spanish.

advertir

	FUTURE	CONDITIONAL
(yo)	advertiré	advertiría
(tú)	advertirás	advertirías
(él/ella/usted)	advertirá	advertiría
(nosotros/as)	advertiremos	advertiríamos
(vosotros/as)	advertiréis	advertiríais
(ellos/ellas/ ustedes)	advertirán	advertirían

	PRESENT SUBJUNCTIVE	IMPERFECT SUBJUNCTIVE
(yo)	advierta	advirtiera or advirtiese
(tú)	adviertas	advirtieras or advirtieses
(él/ella/usted)	advierta	advirtiera or advirtiese
(nosotros/as)	advirtamos	advirtiéramos or advirtiésemos
(vosotros/as)	advirtáis	advirtierais or advirtieseis
(ellos/ellas/ ustedes)	adviertan	advirtieran or advirtiesen

IMPERATIVE

advierte / advertid

Use the present subjunctive in all cases other than these tú and vosotros affirmative forms.

EXAMPLE PHRASES

Si **advirtiera** algún cambio, llámenos. If you should notice any change, call us.

Adviértele del riesgo que entraña. Warn him about the risk involved.

Remember that subject pronouns are not used very often in Spanish.

amanecer (to get light; to wake up)

	PRESENT		PRESENT PERFECT
(yo)	amanezco		he amanecido
(tú)	amaneces		has amanecido
(él/ella/usted)	amanece		ha amanecido
(nosotros/as)	amanecemos		hemos amanecido
(vosotros/as)	amanecéis		habéis amanecido
(ellos/ellas/ ustedes)	amanecen		han amanecido

	PRETERITE		IMPERFECT
(yo)	amanecí		amanecía
(tú)	amaneciste		amanecías
(él/ella/usted)	amaneció		amanecía
(nosotros/as)	amanecimos		amanecíamos
(vosotros/as)	amanecisteis		amanecíais
(ellos/ellas/ ustedes)	amanecieron		amanecían

GERUND

amaneciendo

PAST PARTICIPLE

amanecido

EXAMPLE PHRASES

Siempre **amanece** nublado. The day always starts off cloudy.

Estaba **amaneciendo**. Dawn was breaking.

La ciudad **amaneció** desierta. In the morning, the town was deserted.

Amanecía de un humor de perros. She would wake up in a really bad mood.

Remember that subject pronouns are not used very often in Spanish.

amanecer

	FUTURE	CONDITIONAL
(yo)	amaneceré	amanecería
(tú)	amanecerás	amanecerías
(él/ella/usted)	amanecerá	amanecería
(nosotros/as)	amaneceremos	amaneceríamos
(vosotros/as)	amaneceréis	amaneceríais
(ellos/ellas/ ustedes)	amanecerán	amanecerían

	PRESENT SUBJUNCTIVE	IMPERFECT SUBJUNCTIVE
(yo)	amanezca	amaneciera *or* amaneciese
(tú)	amanezcas	amanecieras *or* amanecieses
(él/ella/usted)	amanezca	amaneciera *or* amaneciese
(nosotros/as)	amanezcamos	amaneciéramos *or* amaneciésemos
(vosotros/as)	amanezcáis	amanecierais *or* amanecieseis
(ellos/ellas/ ustedes)	amanezcan	amanecieran *or* amaneciesen

IMPERATIVE

amanece / amaneced

Use the present subjunctive in all cases other than these tú *and* vosotros *affirmative forms.*

EXAMPLE PHRASES

Pronto **amanecerá**. It will soon be daylight.

Saldremos en cuanto **amanezca**. We'll get going as soon as it gets light.

Si **amanecieras** con fiebre, toma una de estas pastillas. If you should wake up with a fever, take one of these pills.

Remember that subject pronouns are not used very often in Spanish.

andar (to be; to work; to ride; to walk)

	PRESENT		PRESENT PERFECT
(yo)	ando		he andado
(tú)	andas		has andado
(él/ella/usted)	anda		ha andado
(nosotros/as)	andamos		hemos andado
(vosotros/as)	andáis		habéis andado
(ellos/ellas/ ustedes)	andan		han andado

	PRETERITE		IMPERFECT
(yo)	anduve		andaba
(tú)	anduviste		andabas
(él/ella/usted)	anduvo		andaba
(nosotros/as)	anduvimos		andábamos
(vosotros/as)	anduvisteis		andabais
(ellos/ellas/ ustedes)	anduvieron		andaban

GERUND

andando

PAST PARTICIPLE

andado

EXAMPLE PHRASES

¿Cómo **andas**? How are you?

La lavadora no **andaba** bien. The washing machine wasn't working properly.

Andaban mal de dinero. They were short of money.

No sabe **andar** en bicicleta. She doesn't know how to ride a bike.

Remember that subject pronouns are not used very often in Spanish.

andar

	FUTURE	CONDITIONAL
(yo)	andaré	andaría
(tú)	andarás	andarías
(él/ella/usted)	andará	andaría
(nosotros/as)	andaremos	andaríamos
(vosotros/as)	andaréis	andaríais
(ellos/ellas/ustedes)	andarán	andarían

	PRESENT SUBJUNCTIVE	IMPERFECT SUBJUNCTIVE
(yo)	ande	anduviera or anduviese
(tú)	andes	anduvieras or anduvieses
(él/ella/usted)	ande	anduviera or anduviese
(nosotros/as)	andemos	anduviéramos or anduviésemos
(vosotros/as)	andéis	anduvierais or anduvieseis
(ellos/ellas/ustedes)	anden	anduvieran or anduviesen

IMPERATIVE

anda / andad

Use the present subjunctive in all cases other than these tú and vosotros affirmative forms.

EXAMPLE PHRASES

Andará por los cuarenta. He must be about forty.

Yo **me andaría** con pies de plomo. I'd tread very carefully.

Si **anduvieras** con más cuidado, no te pasarían esas cosas. If you were more careful, this sort of thing wouldn't happen to you.

Remember that subject pronouns are not used very often in Spanish.

apoderarse de (to take control of)

	PRESENT		PRESENT PERFECT
(yo)	me apodero		me he apoderado
(tú)	te apoderas		te has apoderado
(él/ella/usted)	se apodera		se ha apoderado
(nosotros/as)	nos apoderamos		nos hemos apoderado
(vosotros/as)	os apoderáis		os habéis apoderado
(ellos/ellas/ ustedes)	se apoderan		se han apoderado

	PRETERITE		IMPERFECT
(yo)	me apoderé		me apoderaba
(tú)	te apoderaste		te apoderabas
(él/ella/usted)	se apoderó		se apoderaba
(nosotros/as)	nos apoderamos		nos apoderábamos
(vosotros/as)	os apoderasteis		os apoderabais
(ellos/ellas/ ustedes)	se apoderaron		se apoderaban

GERUND

apoderando

PAST PARTICIPLE

apoderado

EXAMPLE PHRASES

En esas situaciones, el miedo **se apodera** de mí. In situations like that,
   I find myself gripped by fear.

Poco a poco **se han ido apoderando** de las riquezas del país. Little by little,
   they've taken control of the country's riches.

Se apoderaron de las joyas y huyeron. They took the jewels and ran off.

Remember that subject pronouns are not used very often in Spanish.

apoderarse de

	FUTURE	CONDITIONAL
(yo)	me apoderaré	me apoderaría
(tú)	te apoderarás	te apoderarías
(él/ella/usted)	se apoderará	se apoderaría
(nosotros/as)	nos apoderaremos	nos apoderaríamos
(vosotros/as)	os apoderaréis	os apoderaríais
(ellos/ellas/ ustedes)	se apoderarán	se apoderarían

	PRESENT SUBJUNCTIVE	IMPERFECT SUBJUNCTIVE
(yo)	me apodere	me apoderara *or* apoderase
(tú)	te apoderes	te apoderaras *or* apoderases
(él/ella/usted)	se apodere	se apoderara *or* apoderase
(nosotros/as)	nos apoderemos	nos apoderáramos *or* apoderásemos
(vosotros/as)	os apoderéis	os apoderarais *or* apoderaseis
(ellos/ellas/ ustedes)	se apoderen	se apoderaran *or* apoderasen

IMPERATIVE

apodérate / apoderaos

Use the present subjunctive in all cases other than these tú and vosotros affirmative forms.

EXAMPLE PHRASES

No dejes que la curiosidad **se apodere** de ti. Don't let curiosity get the better of you.

Remember that subject pronouns are not used very often in Spanish.

aprobar (to pass; to approve of)

	PRESENT	PRESENT PERFECT
(yo)	apruebo	he aprobado
(tú)	apruebas	has aprobado
(él/ella/usted)	aprueba	ha aprobado
(nosotros/as)	aprobamos	hemos aprobado
(vosotros/as)	aprobáis	habéis aprobado
(ellos/ellas/ ustedes)	aprueban	han aprobado

	PRETERITE	IMPERFECT
(yo)	aprobé	aprobaba
(tú)	aprobaste	aprobabas
(él/ella/usted)	aprobó	aprobaba
(nosotros/as)	aprobamos	aprobábamos
(vosotros/as)	aprobasteis	aprobabais
(ellos/ellas/ ustedes)	aprobaron	aprobaban

GERUND	PAST PARTICIPLE
aprobando	aprobado

EXAMPLE PHRASES

No **apruebo** esa conducta. I don't approve of that sort of behavior.

Este año lo **estoy aprobando** todo. So far this year I've passed everything.

Han aprobado una ley antitabaco. They've passed an anti-smoking law.

¿**Aprobaste** el examen? Did you pass the test?

La decisión **fue aprobada** por mayoría. The decision was approved by a majority.

Remember that subject pronouns are not used very often in Spanish.

aprobar

	FUTURE	**CONDITIONAL**
(yo)	aprobaré	aprobaría
(tú)	aprobarás	aprobarías
(él/ella/usted)	aprobará	aprobaría
(nosotros/as)	aprobaremos	aprobaríamos
(vosotros/as)	aprobaréis	aprobaríais
(ellos/ellas/ustedes)	aprobarán	aprobarían

	PRESENT SUBJUNCTIVE	**IMPERFECT SUBJUNCTIVE**
(yo)	apruebe	aprobara or aprobase
(tú)	apruebes	aprobaras or aprobases
(él/ella/usted)	apruebe	aprobara or aprobase
(nosotros/as)	aprobemos	aprobáramos or aprobásemos
(vosotros/as)	aprobéis	aprobarais or aprobaseis
(ellos/ellas/ustedes)	aprueben	aprobaran or aprobasen

IMPERATIVE

aprueba / aprobad

Use the present subjunctive in all cases other than these tú and vosotros affirmative forms.

Remember that subject pronouns are not used very often in Spanish.

arrancar (to pull up; to start)

	PRESENT		PRESENT PERFECT
(yo)	arranco		he arrancado
(tú)	arrancas		has arrancado
(él/ella/usted)	arranca		ha arrancado
(nosotros/as)	arrancamos		hemos arrancado
(vosotros/as)	arrancáis		habéis arrancado
(ellos/ellas/ustedes)	arrancan		han arrancado

	PRETERITE		IMPERFECT
(yo)	arranqué		arrancaba
(tú)	arrancaste		arrancabas
(él/ella/usted)	arrancó		arrancaba
(nosotros/as)	arrancamos		arrancábamos
(vosotros/as)	arrancasteis		arrancabais
(ellos/ellas/ustedes)	arrancaron		arrancaban

GERUND

arrancando

PAST PARTICIPLE

arrancado

EXAMPLE PHRASES

Lo tienes que **arrancar** de raíz. You must pull it up by its roots.

Estaba arrancando malas hierbas. I was pulling up weeds.

El viento **arrancó** varios árboles. Several trees were uprooted in the wind.

La moto no **arranca**. The motorcycle won't start.

Remember that subject pronouns are not used very often in Spanish.

arrancar

	FUTURE	**CONDITIONAL**
(yo)	arrancaré	arrancaría
(tú)	arrancarás	arrancarías
(él/ella/usted)	arrancará	arrancaría
(nosotros/as)	arrancaremos	arrancaríamos
(vosotros/as)	arrancaréis	arrancaríais
(ellos/ellas/ ustedes)	arrancarán	arrancarían

	PRESENT SUBJUNCTIVE	**IMPERFECT SUBJUNCTIVE**
(yo)	arranque	arrancara or arrancase
(tú)	arranques	arrancaras or arrancases
(él/ella/usted)	arranque	arrancara or arrancase
(nosotros/as)	arranquemos	arrancáramos or arrancásemos
(vosotros/as)	arranquéis	arrancarais or arrancaseis
(ellos/ellas/ ustedes)	arranquen	arrancaran or arrancasen

IMPERATIVE

arranca / arrancad

Use the present subjunctive in all cases other than these tú and vosotros affirmative forms.

EXAMPLE PHRASES

No **arranques** hojas del cuaderno. Don't tear pages out of the notebook.

Arranca y vámonos. Start the engine and let's get going.

arrepentirse (to be sorry; to change your mind)

	PRESENT		PRESENT PERFECT
(yo)	me arrepiento		me he arrepentido
(tú)	te arrepientes		te has arrepentido
(él/ella/usted)	se arrepiente		se ha arrepentido
(nosotros/as)	nos arrepentimos		nos hemos arrepentido
(vosotros/as)	os arrepentís		os habéis arrepentido
(ellos/ellas/ ustedes)	se arrepienten		se han arrepentido

	PRETERITE		IMPERFECT
(yo)	me arrepentí		me arrepentía
(tú)	te arrepentiste		te arrepentías
(él/ella/usted)	se arrepintió		se arrepentía
(nosotros/as)	nos arrepentimos		nos arrepentíamos
(vosotros/as)	os arrepentisteis		os arrepentíais
(ellos/ellas/ ustedes)	se arrepintieron		se arrepentían

GERUND

arrepintiéndose, etc

PAST PARTICIPLE

arrepentido

EXAMPLE PHRASES

¡**Te** vas a **arrepentir** de esto! You'll be sorry for this!

No **me arrepiento** de nada. I don't regret anything.

Se arrepintieron y decidieron no vender la casa. They changed their minds and decided not to sell the house.

Arrepintiéndote en serio, seguro que te perdonarán. If you're truly sorry, I'm sure they'll forgive you.

Remember that subject pronouns are not used very often in Spanish.

arrepentirse

	FUTURE	**CONDITIONAL**
(yo)	me arrepentiré	me arrepentiría
(tú)	te arrepentirás	te arrepentirías
(él/ella/usted)	se arrepentirá	se arrepentiría
(nosotros/as)	nos arrepentiremos	nos arrepentiríamos
(vosotros/as)	os arrepentiréis	os arrepentiríais
(ellos/ellas/ ustedes)	se arrepentirán	se arrepentirían

	PRESENT SUBJUNCTIVE	**IMPERFECT SUBJUNCTIVE**
(yo)	me arrepienta	me arrepintiera or arrepintiese
(tú)	te arrepientas	te arrepintieras or arrepintieses
(él/ella/usted)	se arrepienta	se arrepintiera or arrepintiese
(nosotros/as)	nos arrepintamos	nos arrepintiéramos or arrepintiésemos
(vosotros/as)	os arrepintáis	os arrepintierais or arrepintieseis
(ellos/ellas/ ustedes)	se arrepientan	se arrepintieran or arrepintiesen

IMPERATIVE

arrepiéntete / arrepentíos

Use the present subjunctive in all cases other than these tú and vosotros affirmative forms.

EXAMPLE PHRASES

Algún día **se arrepentirá** de no haber estudiado una carrera. One day he'll be sorry he didn't go to college.

No **te arrepientas** nunca de haber dicho la verdad. Don't ever regret having told the truth.

Remember that subject pronouns are not used very often in Spanish.

atravesar (to cross; to go through)

	PRESENT	PRESENT PERFECT
(yo)	atravieso	he atravesado
(tú)	atraviesas	has atravesado
(él/ella/usted)	atraviesa	ha atravesado
(nosotros/as)	atravesamos	hemos atravesado
(vosotros/as)	atravesáis	habéis atravesado
(ellos/ellas/ustedes)	atraviesan	han atravesado

	PRETERITE	IMPERFECT
(yo)	atravesé	atravesaba
(tú)	atravesaste	atravesabas
(él/ella/usted)	atravesó	atravesaba
(nosotros/as)	atravesamos	atravesábamos
(vosotros/as)	atravesasteis	atravesabais
(ellos/ellas/ustedes)	atravesaron	atravesaban

GERUND

atravesando

PAST PARTICIPLE

atravesado

EXAMPLE PHRASES

Estamos atravesando un mal momento. We're going through a bad patch.

Atravesamos el río a nado. We swam across the river.

La bala le **atravesó** el cráneo. The bullet went through his skull.

Un camión **se** nos **atravesó** en la carretera. A truck pulled out in front of us on the road.

Remember that subject pronouns are not used very often in Spanish.

atravesar

	FUTURE	CONDITIONAL
(yo)	atravesaré	atravesaría
(tú)	atravesarás	atravesarías
(él/ella/usted)	atravesará	atravesaría
(nosotros/as)	atravesaremos	atravesaríamos
(vosotros/as)	atravesaréis	atravesaríais
(ellos/ellas/ ustedes)	atravesarán	atravesarían

	PRESENT SUBJUNCTIVE	IMPERFECT SUBJUNCTIVE
(yo)	atraviese	atravesara or atravesase
(tú)	atravieses	atravesaras or atravesases
(él/ella/usted)	atraviese	atravesara or atravesase
(nosotros/as)	atravesemos	atravesáramos or atravesásemos
(vosotros/as)	atraveséis	atravesarais or atravesaseis
(ellos/ellas/ ustedes)	atraviesen	atravesaran or atravesasen

IMPERATIVE

atraviesa / atravesad

Use the present subjunctive in all cases other than these tú and vosotros affirmative forms.

EXAMPLE PHRASES

El túnel **atravesará** la montaña. The tunnel will go through the mountain.

aunar (to join together)

	PRESENT		PRESENT PERFECT
(yo)	aúno		he aunado
(tú)	aúnas		has aunado
(él/ella/usted)	aúna		ha aunado
(nosotros/as)	aunamos		hemos aunado
(vosotros/as)	aunáis		habéis aunado
(ellos/ellas/ ustedes)	aúnan		han aunado

	PRETERITE	IMPERFECT
(yo)	auné	aunaba
(tú)	aunaste	aunabas
(él/ella/usted)	aunó	aunaba
(nosotros/as)	aunamos	aunábamos
(vosotros/as)	aunasteis	aunabais
(ellos/ellas/ ustedes)	aunaron	aunaban

GERUND
aunando

PAST PARTICIPLE
aunado

EXAMPLE PHRASES

En esta obra **se aúnan** imaginación y técnica. This play combines imagination and technique.

Aunaron esfuerzos. They joined forces.

Remember that subject pronouns are not used very often in Spanish.

aunar

	FUTURE	**CONDITIONAL**
(yo)	aunaré	aunaría
(tú)	aunarás	aunarías
(él/ella/usted)	aunará	aunaría
(nosotros/as)	aunaremos	aunaríamos
(vosotros/as)	aunaréis	aunaríais
(ellos/ellas/ ustedes)	aunarán	aunarían

	PRESENT SUBJUNCTIVE	**IMPERFECT SUBJUNCTIVE**
(yo)	aúne	aunara or aunase
(tú)	aúnes	aunaras or aunases
(él/ella/usted)	aúne	aunara or aunase
(nosotros/as)	aunemos	aunáramos or aunásemos
(vosotros/as)	aunéis	aunarais or aunaseis
(ellos/ellas/ ustedes)	aúnen	aunaran or aunasen

IMPERATIVE
aúna / aunad

Use the present subjunctive in all cases other than these tú *and* vosotros *affirmative forms.*

avergonzar (to shame)

	PRESENT	PRESENT PERFECT
(yo)	avergüenzo	he avergonzado
(tú)	avergüenzas	has avergonzado
(él/ella/usted)	avergüenza	ha avergonzado
(nosotros/as)	avergonzamos	hemos avergonzado
(vosotros/as)	avergonzáis	habéis avergonzado
(ellos/ellas/ ustedes)	avergüenzan	han avergonzado

	PRETERITE	IMPERFECT
(yo)	avergoncé	avergonzaba
(tú)	avergonzaste	avergonzabas
(él/ella/usted)	avergonzó	avergonzaba
(nosotros/as)	avergonzamos	avergonzábamos
(vosotros/as)	avergonzasteis	avergonzabais
(ellos/ellas/ ustedes)	avergonzaron	avergonzaban

GERUND

avergonzando

PAST PARTICIPLE

avergonzado

EXAMPLE PHRASES

Tendrías que **avergonzarte**. You should be ashamed of yourself.

La **avergüenza** no tener dinero. She's ashamed of having no money.

Cuando me lo dijo **me avergoncé**. I was embarrassed when he told me.

Se avergonzaba de su familia. He was ashamed of his family.

Remember that subject pronouns are not used very often in Spanish.

avergonzar

	FUTURE	CONDITIONAL
(yo)	avergonzaré	avergonzaría
(tú)	avergonzarás	avergonzarías
(él/ella/usted)	avergonzará	avergonzaría
(nosotros/as)	avergonzaremos	avergonzaríamos
(vosotros/as)	avegonzaréis	avergonzaríais
(ellos/ellas/ ustedes)	avergonzarán	avergonzarían

	PRESENT SUBJUNCTIVE	IMPERFECT SUBJUNCTIVE
(yo)	avergüence	avergonzara *or* avergonzase
(tú)	avergüences	avergonzaras *or* avergonzases
(él/ella/usted)	avergüence	avergonzara *or* avergonzase
(nosotros/as)	avergoncemos	avergonzáramos *or* avergonzásemos
(vosotros/as)	avergoncéis	avergonzarais *or* avergonzaseis
(ellos/ellas/ ustedes)	avergüencen	avergonzaran *or* avergonzasen

IMPERATIVE

avergüenza / avergonzad

Use the present subjunctive in all cases other than these tú and vosotros affirmative forms.

EXAMPLE PHRASES

Si de verdad **se avergonzaran**, no se comportarían así. They wouldn't behave like that if they were really ashamed.

averiguar (to find out)

	PRESENT	PRESENT PERFECT
(yo)	averiguo	he averiguado
(tú)	averiguas	has averiguado
(él/ella/usted)	averigua	ha averiguado
(nosotros/as)	averiguamos	hemos averiguado
(vosotros/as)	averiguáis	habéis averiguado
(ellos/ellas/ustedes)	averiguan	han averiguado

	PRETERITE	IMPERFECT
(yo)	averigüé	averiguaba
(tú)	averiguaste	averiguabas
(él/ella/usted)	averiguó	averiguaba
(nosotros/as)	averiguamos	averiguábamos
(vosotros/as)	averiguasteis	averiguabais
(ellos/ellas/ustedes)	averiguaron	averiguaban

GERUND	PAST PARTICIPLE
averiguando	averiguado

EXAMPLE PHRASES

Trataron de **averiguar** su paradero. They tried to find out his whereabouts.

Poco a poco **van averiguando** más cosas sobre su vida. They're gradually finding out more about his life.

¿Cómo **averiguaste** dónde vivo? How did you find out where I live?

¿Cuándo lo **averiguaron**? When did they find out?

Remember that subject pronouns are not used very often in Spanish.

averiguar

	FUTURE	CONDITIONAL
(yo)	averiguaré	averiguaría
(tú)	averiguarás	averiguarías
(él/ella/usted)	averiguará	averiguaría
(nosotros/as)	averiguaremos	averiguaríamos
(vosotros/as)	averiguaréis	averiguaríais
(ellos/ellas/ ustedes)	averiguarán	averiguarían

	PRESENT SUBJUNCTIVE	IMPERFECT SUBJUNCTIVE
(yo)	averigüe	averiguara *or* averiguase
(tú)	averigües	averiguaras *or* averiguases
(él/ella/usted)	averigüe	averiguara *or* averiguase
(nosotros/as)	averigüemos	averiguáramos *or* averiguásemos
(vosotros/as)	averigüéis	averiguarais *or* averiguaseis
(ellos/ellas/ ustedes)	averigüen	averiguaran *or* averiguasen

IMPERATIVE

averigua / averiguad

Use the present subjunctive in all cases other than these tú and vosotros affirmative forms.

EXAMPLE PHRASES

Lo **averiguaré** pronto. I'll find out soon.

Dijo que si le dábamos tiempo lo **averiguaría**. She said that she'd find out
if we gave her time.

En cuanto lo **averigüe** te lo digo. I'll tell you as soon as I find out.

¡**Averígualo** inmediatamente! Check it out immediately!

Remember that subject pronouns are not used very often in Spanish.

bendecir (to bless)

	PRESENT		PRESENT PERFECT
(yo)	bendigo		he bendecido
(tú)	bendices		has bendecido
(él/ella/usted)	bendice		ha bendecido
(nosotros/as)	bendecimos		hemos bendecido
(vosotros/as)	bendecís		habéis bendecido
(ellos/ellas/ ustedes)	bendicen		han bendecido

	PRETERITE		IMPERFECT
(yo)	bendije		bendecía
(tú)	bendijiste		bendecías
(él/ella/usted)	bendijo		bendecía
(nosotros/as)	bendijimos		bendecíamos
(vosotros/as)	bendijisteis		bendecíais
(ellos/ellas/ ustedes)	bendijeron		bendecían

GERUND

bendiciendo

PAST PARTICIPLE

bendecido

EXAMPLE PHRASES

La vida me **ha bendecido** con unos hijos maravillosos. I've been blessed with
   wonderful children.

Jesús **bendijo** los panes y los peces. Jesus blessed the loaves and the fishes.

Bendecía el día en que lo conoció. She blessed the day she met him.

Remember that subject pronouns are not used very often in Spanish.

bendecir

	FUTURE	**CONDITIONAL**
(yo)	bendeciré	bendeciría
(tú)	bendecirás	bendecirías
(él/ella/usted)	bendecirá	bendeciría
(nosotros/as)	bendeciremos	bendeciríamos
(vosotros/as)	bendeciréis	bendeciríais
(ellos/ellas/ ustedes)	bendecirán	bendecirían

	PRESENT SUBJUNCTIVE	**IMPERFECT SUBJUNCTIVE**
(yo)	bendiga	bendijera *or* bendijese
(tú)	bendigas	bendijeras *or* bendijeses
(él/ella/usted)	bendiga	bendijera *or* bendijese
(nosotros/as)	bendigamos	bendijéramos *or* bendijésemos
(vosotros/as)	bendigáis	bendijerais *or* bendijeseis
(ellos/ellas/ ustedes)	bendigan	bendijeran *or* bendijesen

IMPERATIVE

bendice / bendecid

Use the present subjunctive in all cases other than these tú *and* vosotros *affirmative forms.*

EXAMPLE PHRASES

El Papa **bendecirá** a los fieles desde el balcón. The Pope will bless the faithful from the balcony.

Quieren que sea él quien **bendiga** su unión. They want him to marry them.

Pidieron a un sacerdote que **bendijera** su nueva casa. They asked a priest to bless their new house.

Remember that subject pronouns are not used very often in Spanish.

caber (to fit)

	PRESENT	PRESENT PERFECT
(yo)	quepo	he cabido
(tú)	cabes	has cabido
(él/ella/usted)	cabe	ha cabido
(nosotros/as)	cabemos	hemos cabido
(vosotros/as)	cabéis	habéis cabido
(ellos/ellas/ ustedes)	caben	han cabido

	PRETERITE	IMPERFECT
(yo)	cupe	cabía
(tú)	cupiste	cabías
(él/ella/usted)	cupo	cabía
(nosotros/as)	cupimos	cabíamos
(vosotros/as)	cupisteis	cabíais
(ellos/ellas/ ustedes)	cupieron	cabían

GERUND

cabiendo

PAST PARTICIPLE

cabido

EXAMPLE PHRASES

No te preocupes, que va a **caber**. Don't worry, it will fit.

Aquí no **cabe**. There isn't enough room for it here.

Al final **cupo** todo. In the end everything went in.

No le **cupo** la menor duda. She wasn't in any doubt.

No **cabía** en sí de dicha. She was beside herself with joy.

Remember that subject pronouns are not used very often in Spanish.

caber

	FUTURE	CONDITIONAL
(yo)	cabré	cabría
(tú)	cabrás	cabrías
(él/ella/usted)	cabrá	cabría
(nosotros/as)	cabremos	cabríamos
(vosotros/as)	cabréis	cabríais
(ellos/ellas/ustedes)	cabrán	cabrían

	PRESENT SUBJUNCTIVE	IMPERFECT SUBJUNCTIVE
(yo)	quepa	cupiera or cupiese
(tú)	quepas	cupieras or cupieses
(él/ella/usted)	quepa	cupiera or cupiese
(nosotros/as)	quepamos	cupiéramos or cupiésemos
(vosotros/as)	quepáis	cupierais or cupieseis
(ellos/ellas/ustedes)	quepan	cupieran or cupiesen

IMPERATIVE

cabe / cabed

Use the present subjunctive in all cases other than these tú and vosotros affirmative forms.

EXAMPLE PHRASES

¿Crees que **cabrá**? Do you think there will be enough room for it?

Cabría cuestionarse si es la mejor solución. We should ask ourselves whether it's the best solution.

Hizo lo imposible para que le **cupiera** la redacción en una página.
He did everything he could to fit the essay onto one page.

Remember that subject pronouns are not used very often in Spanish.

caer (to fall)

	PRESENT		PRESENT PERFECT
(yo)	caigo		he caído
(tú)	caes		has caído
(él/ella/usted)	cae		ha caído
(nosotros/as)	caemos		hemos caído
(vosotros/as)	caéis		habéis caído
(ellos/ellas/ ustedes)	caen		han caído

	PRETERITE		IMPERFECT
(yo)	caí		caía
(tú)	caíste		caías
(él/ella/usted)	cayó		caía
(nosotros/as)	caímos		caíamos
(vosotros/as)	caísteis		caíais
(ellos/ellas/ ustedes)	cayeron		caían

GERUND

cayendo

PAST PARTICIPLE

caído

EXAMPLE PHRASES

Su cumpleaños **cae** en viernes. Her birthday falls on a Friday.

Ese edificio **se está cayendo**. That building's falling down.

Se me **cayó** un guante. I dropped one of my gloves.

Me caí por las escaleras. I fell down the stairs.

Me caía muy bien. I really liked him.

Remember that subject pronouns are not used very often in Spanish.

caer

	FUTURE	**CONDITIONAL**
(yo)	caeré	caería
(tú)	caerás	caerías
(él/ella/usted)	caerá	caería
(nosotros/as)	caeremos	caeríamos
(vosotros/as)	caeréis	caeríais
(ellos/ellas/ ustedes)	caerán	caerían

	PRESENT SUBJUNCTIVE	**IMPERFECT SUBJUNCTIVE**
(yo)	caiga	cayera or cayese
(tú)	caigas	cayeras or cayeses
(él/ella/usted)	caiga	cayera or cayese
(nosotros/as)	caigamos	cayéramos or cayésemos
(vosotros/as)	caigáis	cayerais or cayeseis
(ellos/ellas/ ustedes)	caigan	cayeran or cayesen

IMPERATIVE

cae / caed

Use the present subjunctive in all cases other than these tú and vosotros affirmative forms.

EXAMPLE PHRASES

Tarde o temprano, **caerá** en manos del enemigo. Sooner or later, it will fall into enemy hands.

Yo **me caería** con esos tacones. I'd fall over if I wore heels like those.

Seguirá adelante **caiga** quien **caiga**. She'll go ahead no matter how many heads have to roll.

No **caigas** tan bajo. Don't stoop so low.

Remember that subject pronouns are not used very often in Spanish.

cambiar (to change)

	PRESENT		PRESENT PERFECT
(yo)	cambio		he cambiado
(tú)	cambias		has cambiado
(él/ella/usted)	cambia		ha cambiado
(nosotros/as)	cambiamos		hemos cambiado
(vosotros/as)	cambiáis		habéis cambiado
(ellos/ellas/ ustedes)	cambian		han cambiado

	PRETERITE		IMPERFECT
(yo)	cambié		cambiaba
(tú)	cambiaste		cambiabas
(él/ella/usted)	cambió		cambiaba
(nosotros/as)	cambiamos		cambiábamos
(vosotros/as)	cambiasteis		cambiabais
(ellos/ellas/ ustedes)	cambiaron		cambiaban

GERUND

cambiando

PAST PARTICIPLE

cambiado

EXAMPLE PHRASES

Necesito **cambiar** de ambiente. I need a change of scenery.

Te **cambio** mi bolígrafo por tu goma. I'll swap my pen for your eraser.

Cambié varias veces de trabajo. I changed jobs several times.

Cambiaban de idea a cada rato. They kept changing their minds.

Remember that subject pronouns are not used very often in Spanish.

cambiar

	FUTURE	**CONDITIONAL**
(yo)	cambiaré	cambiaría
(tú)	cambiarás	cambiarías
(él/ella/usted)	cambiará	cambiaría
(nosotros/as)	cambiaremos	cambiaríamos
(vosotros/as)	cambiaréis	cambiaríais
(ellos/ellas/ ustedes)	cambiarán ·	cambiarían

	PRESENT SUBJUNCTIVE	**IMPERFECT SUBJUNCTIVE**
(yo)	cambie	cambiara or cambiase
(tú)	cambies	cambiaras or cambiases
(él/ella/usted)	cambie	cambiara or cambiase
(nosotros/as)	cambiemos	cambiáramos or cambiásemos
(vosotros/as)	cambiéis	cambiarais or cambiaseis
(ellos/ellas/ ustedes)	cambien	cambiaran or cambiasen

IMPERATIVE
cambia / cambiad

Use the present subjunctive in all cases other than these tú and vosotros affirmative forms.

EXAMPLE PHRASES
Cuando la conozcas, **cambiarás** de idea. You'll change your mind when you
meet her.

Si pudiéramos, **nos cambiaríamos** de casa. If we could, we'd move.

No quiero que **cambies**. I don't want you to change.

Cámbiate, que se nos hace tarde. Get changed, it's getting late.

Remember that subject pronouns are not used very often in Spanish.

cazar (to hunt; to shoot)

	PRESENT		PRESENT PERFECT
(yo)	cazo		he cazado
(tú)	cazas		has cazado
(él/ella/usted)	caza		ha cazado
(nosotros/as)	cazamos		hemos cazado
(vosotros/as)	cazáis		habéis cazado
(ellos/ellas/ ustedes)	cazan		han cazado

	PRETERITE		IMPERFECT
(yo)	cacé		cazaba
(tú)	cazaste		cazabas
(él/ella/usted)	cazó		cazaba
(nosotros/as)	cazamos		cazábamos
(vosotros/as)	cazasteis		cazabais
(ellos/ellas/ ustedes)	cazaron		cazaban

GERUND
cazando

PAST PARTICIPLE
cazado

EXAMPLE PHRASES

Salieron a **cazar** ciervos. They went deer-hunting.

Caza las cosas al vuelo. She's very quick on the uptake.

Los **cacé** robando. I caught them stealing.

Cazaban con lanza. They hunted with spears.

Remember that subject pronouns are not used very often in Spanish.

cazar

	FUTURE	CONDITIONAL
(yo)	cazaré	cazaría
(tú)	cazarás	cazarías
(él/ella/usted)	cazará	cazaría
(nosotros/as)	cazaremos	cazaríamos
(vosotros/as)	cazaréis	cazaríais
(ellos/ellas/ustedes)	cazarán	cazarían

	PRESENT SUBJUNCTIVE	IMPERFECT SUBJUNCTIVE
(yo)	cace	cazara or cazase
(tú)	caces	cazaras or cazases
(él/ella/usted)	cace	cazara or cazase
(nosotros/as)	cacemos	cazáramos or cazásemos
(vosotros/as)	cacéis	cazarais or cazaseis
(ellos/ellas/ustedes)	cacen	cazaran or cazasen

IMPERATIVE

caza / cazad

Use the present subjunctive in all cases other than these tú *and* vosotros *affirmative forms.*

EXAMPLE PHRASES

¡Quién **cazara** a un millonario! I wish I could land myself a millionaire!

Remember that subject pronouns are not used very often in Spanish.

cerrar (to close; to shut)

	PRESENT	PRESENT PERFECT
(yo)	cierro	he cerrado
(tú)	cierras	has cerrado
(él/ella/usted)	cierra	ha cerrado
(nosotros/as)	cerramos	hemos cerrado
(vosotros/as)	cerráis	habéis cerrado
(ellos/ellas/ustedes)	cierran	han cerrado

	PRETERITE	IMPERFECT
(yo)	cerré	cerraba
(tú)	cerraste	cerrabas
(él/ella/usted)	cerró	cerraba
(nosotros/as)	cerramos	cerrábamos
(vosotros/as)	cerrasteis	cerrabais
(ellos/ellas/ustedes)	cerraron	cerraban

GERUND

cerrando

PAST PARTICIPLE

cerrado

EXAMPLE PHRASES

No puedo **cerrar** la maleta. I can't close my suitcase.

No **cierran** al mediodía. They don't close at noon.

Había cerrado la puerta con llave. She'd locked the door.

Cerró el libro. He closed the book.

Se le **cerraban** los ojos. She couldn't keep her eyes open.

Remember that subject pronouns are not used very often in Spanish.

cerrar

	FUTURE	**CONDITIONAL**
(yo)	cerraré	cerraría
(tú)	cerrarás	cerrarías
(él/ella/usted)	cerrará	cerraría
(nosotros/as)	cerraremos	cerraríamos
(vosotros/as)	cerraréis	cerraríais
(ellos/ellas/ustedes)	cerrrarán	cerrarían

	PRESENT SUBJUNCTIVE	**IMPERFECT SUBJUNCTIVE**
(yo)	cierre	cerrara or cerrase
(tú)	cierres	cerraras or cerrases
(él/ella/usted)	cierre	cerrara or cerrase
(nosotros/as)	cerremos	cerráramos or cerrásemos
(vosotros/as)	cerréis	cerrarais or cerraseis
(ellos/ellas/ustedes)	cierren	cerraran or cerrasen

IMPERATIVE

cierra / cerrad

Use the present subjunctive in all cases other than these tú and vosotros affirmative forms.

EXAMPLE PHRASES

No dejes que **se cierre** la puerta de golpe. Don't let the door slam shut.

No **cierres** la ventana. Don't close the window.

Cierra la llave. Turn off the faucet.

Remember that subject pronouns are not used very often in Spanish.

cocer (to boil; to cook)

	PRESENT		PRESENT PERFECT
(yo)	cuezo		he cocido
(tú)	cueces		has cocido
(él/ella/usted)	cuece		ha cocido
(nosotros/as)	cocemos		hemos cocido
(vosotros/as)	cocéis		habéis cocido
(ellos/ellas/ ustedes)	cuecen		han cocido

	PRETERITE		IMPERFECT
(yo)	cocí		cocía
(tú)	cociste		cocías
(él/ella/usted)	coció		cocía
(nosotros/as)	cocimos		cocíamos
(vosotros/as)	cocisteis		cocíais
(ellos/ellas/ ustedes)	cocieron		cocían

GERUND
cociendo

PAST PARTICIPLE
cocido

EXAMPLE PHRASES

El pescado **se cuece** en un momento. Fish takes no time to cook.

Aquí nos **estamos cociendo**. It's boiling in here.

Coció el pan en el horno. He baked the bread in the oven.

Remember that subject pronouns are not used very often in Spanish.

cocer

	FUTURE	CONDITIONAL
(yo)	coceré	cocería
(tú)	cocerás	cocerías
(él/ella/usted)	cocerá	cocería
(nosotros/as)	coceremos	coceríamos
(vosotros/as)	coceréis	coceríais
(ellos/ellas/ustedes)	cocerán	cocerían

	PRESENT SUBJUNCTIVE	IMPERFECT SUBJUNCTIVE
(yo)	cueza	cociera or cociese
(tú)	cuezas	cocieras or cocieses
(él/ella/usted)	cueza	cociera or cociese
(nosotros/as)	cozamos	cociéramos or cociésemos
(vosotros/as)	cozáis	cocierais or cocieseis
(ellos/ellas/ustedes)	cuezan	cocieran or cociesen

IMPERATIVE

cuece / coced

Use the present subjunctive in all cases other than these tú and vosotros affirmative forms.

EXAMPLE PHRASES

Te dije que lo **cocieras** tapado. I told you to cook it covered.

No lo **cuezas** demasiado. Don't overcook it.

Cuécelo a fuego lento. Cook it over a low heat.

Remember that subject pronouns are not used very often in Spanish.

colgar (to hang)

	PRESENT	PRESENT PERFECT
(yo)	cuelgo	he colgado
(tú)	cuelgas	has colgado
(él/ella/usted)	cuelga	ha colgado
(nosotros/as)	colgamos	hemos colgado
(vosotros/as)	colgáis	habéis colgado
(ellos/ellas/ ustedes)	cuelgan	han colgado

	PRETERITE	IMPERFECT
(yo)	colgué	colgaba
(tú)	colgaste	colgabas
(él/ella/usted)	colgó	colgaba
(nosotros/as)	colgamos	colgábamos
(vosotros/as)	colgasteis	colgabais
(ellos/ellas/ ustedes)	colgaron	colgaban

GERUND

colgando

PAST PARTICIPLE

colgado

EXAMPLE PHRASES

Hay telarañas **colgando** del techo. There are cobwebs hanging from the ceiling.

Te **colgué** la chaqueta en el clóset. I hung your jacket in the closet.

Me **colgó** el teléfono. He hung up on me.

De la pared **colgaba** un espejo. There was a mirror hanging on the wall.

Remember that subject pronouns are not used very often in Spanish.

colgar

	FUTURE	CONDITIONAL
(yo)	colgaré	colgaría
(tú)	colgarás	colgarías
(él/ella/usted)	colgará	colgaría
(nosotros/as)	colgaremos	colgaríamos
(vosotros/as)	colgaréis	colgaríais
(ellos/ellas/ ustedes)	colgarán	colgarían

	PRESENT SUBJUNCTIVE	IMPERFECT SUBJUNCTIVE
(yo)	cuelgue	colgara or colgase
(tú)	cuelgues	colgaras or colgases
(él/ella/usted)	cuelgue	colgara or colgase
(nosotros/as)	colguemos	colgáramos or colgásemos
(vosotros/as)	colguéis	colgarais or colgaseis
(ellos/ellas/ ustedes)	cuelguen	colgaran or colgasen

IMPERATIVE
cuelga / colgad

Use the present subjunctive in all cases other than these tú and vosotros affirmative forms.

EXAMPLE PHRASES
Colgaremos el cuadro en esa pared. We'll hang the picture on that wall.

No **cuelgue**, por favor. Please don't hang up.

comer (to eat)

	PRESENT		PRESENT PERFECT
(yo)	como		he comido
(tú)	comes		has comido
(él/ella/usted)	come		ha comido
(nosotros/as)	comemos		hemos comido
(vosotros/as)	coméis		habéis comido
(ellos/ellas/ ustedes)	comen		han comido

	PRETERITE	IMPERFECT
(yo)	comí	comía
(tú)	comiste	comías
(él/ella/usted)	comió	comía
(nosotros/as)	comimos	comíamos
(vosotros/as)	comisteis	comíais
(ellos/ellas/ ustedes)	comieron	comían

GERUND
comiendo

PAST PARTICIPLE
comido

EXAMPLE PHRASES

No **come** carne. He doesn't eat meat.

Se lo **comió** todo. He ate it all.

Comimos en un restaurante. We had lunch in a restaurant.

Siempre **comían** demasiado. They always ate too much.

Remember that subject pronouns are not used very often in Spanish.

comer

	FUTURE	**CONDITIONAL**
(yo)	comeré	comería
(tú)	comerás	comerías
(él/ella/usted)	comerá	comería
(nosotros/as)	comeremos	comeríamos
(vosotros/as)	comeréis	comeríais
(ellos/ellas/ustedes)	comerán	comerían

	PRESENT SUBJUNCTIVE	**IMPERFECT SUBJUNCTIVE**
(yo)	coma	comiera or comiese
(tú)	comas	comieras or comieses
(él/ella/usted)	coma	comiera or comiese
(nosotros/as)	comamos	comiéramos or comiésemos
(vosotros/as)	comáis	comierais or comieseis
(ellos/ellas/ustedes)	coman	comieran or comiesen

IMPERATIVE

come / comed

Use the present subjunctive in all cases other than these tú and vosotros affirmative forms.

EXAMPLE PHRASES

Me lo **comeré** yo. I'll eat it.

Si no fuera por mí, no **comeríamos**. We wouldn't eat if it weren't for me.

No **comas** tan deprisa. Don't eat so fast.

Remember that subject pronouns are not used very often in Spanish.

conducir (to lead; to drive; to take)

	PRESENT		PRESENT PERFECT
(yo)	conduzco		he conducido
(tú)	conduces		has conducido
(él/ella/usted)	conduce		ha conducido
(nosotros/as)	conducimos		hemos conducido
(vosotros/as)	conducís		habéis conducido
(ellos/ellas/ustedes)	conducen		han conducido

	PRETERITE		IMPERFECT
(yo)	conduje		conducía
(tú)	condujiste		conducías
(él/ella/usted)	condujo		conducía
(nosotros/as)	condujimos		conducíamos
(vosotros/as)	condujisteis		conducíais
(ellos/ellas/ustedes)	condujeron		conducían

GERUND
conduciendo

PAST PARTICIPLE
conducido

EXAMPLE PHRASES

Nos **condujo** a su habitación. He took us to his room.

Enojarte no **conduce** a nada. Getting angry doesn't get you anywhere.

La pista nos **condujo** hasta él. The clue led us to him.

conducir

	FUTURE	**CONDITIONAL**
(yo)	conduciré	conduciría
(tú)	conducirás	conducirías
(él/ella/usted)	conducirá	conduciría
(nosotros/as)	conduciremos	conduciríamos
(vosotros/as)	conduciréis	conduciríais
(ellos/ellas/ ustedes)	conducirán	conducirían

	PRESENT SUBJUNCTIVE	**IMPERFECT SUBJUNCTIVE**
(yo)	conduzca	condujera or condujese
(tú)	conduzcas	condujeras or condujeses
(él/ella/usted)	conduzca	condujera or condujese
(nosotros/as)	conduzcamos	condujéramos or condujésemos
(vosotros/as)	conduzcáis	condujerais or condujeseis
(ellos/ellas/ ustedes)	conduzcan	condujeran or condujesen

IMPERATIVE
conduce / conducid

Use the present subjunctive in all cases other than these tú and vosotros affirmative forms.

EXAMPLE PHRASES
Roberto los **conducirá** a su mesa. Roberto will show you to your table.

conocer (to know; to meet; to recognize)

	PRESENT	PRESENT PERFECT
(yo)	conozco	he conocido
(tú)	conoces	has conocido
(él/ella/usted)	conoce	ha conocido
(nosotros/as)	conocemos	hemos conocido
(vosotros/as)	conocéis	habéis conocido
(ellos/ellas/ustedes)	conocen	han conocido

	PRETERITE	IMPERFECT
(yo)	conocí	conocía
(tú)	conociste	conocías
(él/ella/usted)	conoció	conocía
(nosotros/as)	conocimos	conocíamos
(vosotros/as)	conocisteis	conocíais
(ellos/ellas/ustedes)	conocieron	conocían

GERUND
conociendo

PAST PARTICIPLE
conocido

EXAMPLE PHRASES

Conozco un restaurante donde se come bien. I know a restaurant where the food is very good.

La **conocí** en una fiesta. I met her at a party.

Nos **conocíamos** desde hacía años. We'd known each other for years.

Remember that subject pronouns are not used very often in Spanish.

conocer

	FUTURE	CONDITIONAL
(yo)	conoceré	conocería
(tú)	conocerás	conocerías
(él/ella/usted)	conocerá	conocería
(nosotros/as)	conoceremos	conoceríamos
(vosotros/as)	conoceréis	conoceríais
(ellos/ellas/ustedes)	conocerán	conocerían

	PRESENT SUBJUNCTIVE	IMPERFECT SUBJUNCTIVE
(yo)	conozca	conociera or conociese
(tú)	conozcas	conocieras or conocieses
(él/ella/usted)	conozca	conociera or conociese
(nosotros/as)	conozcamos	conociéramos or conociésemos
(vosotros/as)	conozcáis	conocierais or conocieseis
(ellos/ellas/ustedes)	conozcan	conocieran or conociesen

IMPERATIVE

conoce / conoced

Use the present subjunctive in all cases other than these tú and vosotros affirmative forms.

EXAMPLE PHRASES

No sé si la **conocerás** cuando la veas. I don't know if you'll recognize her when you see her.

No quiero que mis padres lo **conozcan**. I don't want my parents to meet him.

Si no la **conociera**, pensaría que lo hizo a propósito. If I didn't know her better, I'd think she had done it on purpose.

Remember that subject pronouns are not used very often in Spanish.

construir (to build)

	PRESENT	PRESENT PERFECT
(yo)	construyo	he construido
(tú)	construyes	has construido
(él/ella/usted)	construye	ha construido
(nosotros/as)	construimos	hemos construido
(vosotros/as)	construís	habéis construido
(ellos/ellas/ ustedes)	construyen	han construido

	PRETERITE	IMPERFECT
(yo)	construí	construía
(tú)	construiste	construías
(él/ella/usted)	construyó	construía
(nosotros/as)	construimos	construíamos
(vosotros/as)	construisteis	construíais
(ellos/ellas/ ustedes)	construyeron	construían

GERUND
construyendo

PAST PARTICIPLE
construido

EXAMPLE PHRASES

Construyen casas de madera. They build wooden houses.

Están construyendo una escuela. They're building a new school.

Construyó la casa él solo. He built the house on his own.

Su empresa **construía** puentes. His company built bridges.

Remember that subject pronouns are not used very often in Spanish.

construir

	FUTURE	CONDITIONAL
(yo)	construiré	construiría
(tú)	construirás	construirías
(él/ella/usted)	construirá	construiría
(nosotros/as)	construiremos	construiríamos
(vosotros/as)	construiréis	construiríais
(ellos/ellas/ ustedes)	construirán	construirían

	PRESENT SUBJUNCTIVE	IMPERFECT SUBJUNCTIVE
(yo)	construya	construyera *or* construyese
(tú)	construyas	construyeras *or* construyeses
(él/ella/usted)	construya	construyera *or* construyese
(nosotros/as)	construyamos	construyéramos *or* construyésemos
(vosotros/as)	construyáis	construyerais *or* construyeseis
(ellos/ellas/ ustedes)	construyan	construyeran *or* construyesen

IMPERATIVE
construye / construid

Use the present subjunctive in all cases other than these tú *and* vosotros *affirmative forms.*

EXAMPLE PHRASES

Construirán una nueva autopista. They're going to build a new highway.

Yo **construiría** la oración de otra forma. I'd construct the sentence differently.

Le pedí que lo **construyera** así. I asked him to build it like this.

Remember that subject pronouns are not used very often in Spanish.

contar (to tell; to count)

	PRESENT		PRESENT PERFECT
(yo)	cuento		he contado
(tú)	cuentas		has contado
(él/ella/usted)	cuenta		ha contado
(nosotros/as)	contamos		hemos contado
(vosotros/as)	contáis		habéis contado
(ellos/ellas/ ustedes)	cuentan		han contado

	PRETERITE		IMPERFECT
(yo)	conté		contaba
(tú)	contaste		contabas
(él/ella/usted)	contó		contaba
(nosotros/as)	contamos		contábamos
(vosotros/as)	contasteis		contabais
(ellos/ellas/ ustedes)	contaron		contaban

GERUND
contando

PAST PARTICIPLE
contado

EXAMPLE PHRASES

Sabe **contar** hasta diez. She can count up to ten.

Estoy contando los días. I'm counting the days.

Nos **contó** un secreto. He told us a secret.

Para él sólo **contaba** su carrera. The only thing that mattered to him was his career.

Remember that subject pronouns are not used very often in Spanish.

contar

	FUTURE	**CONDITIONAL**
(yo)	contaré	contaría
(tú)	contarás	contarías
(él/ella/usted)	contará	contaría
(nosotros/as)	contaremos	contaríamos
(vosotros/as)	contaréis	contaríais
(ellos/ellas/ ustedes)	contarán	contarían

	PRESENT SUBJUNCTIVE	**IMPERFECT SUBJUNCTIVE**
(yo)	cuente	contara or contase
(tú)	cuentes	contaras or contases
(él/ella/usted)	cuente	contara or contase
(nosotros/as)	contemos	contáramos or contásemos
(vosotros/as)	contéis	contarais or contaseis
(ellos/ellas/ ustedes)	cuenten	contaran or contasen

IMPERATIVE

cuenta / contad

Use the present subjunctive in all cases other than these tú and vosotros affirmative forms.

EXAMPLE PHRASES

Prométeme que no se lo **contarás** a nadie. Promise me you won't tell anyone.

Quiero que me **cuente** exactamente qué pasó. I want you to tell me exactly what happened.

Quería que le **contara** un cuento. She wanted me to tell her a story.

No **cuentes** conmigo. Don't count on me.

Remember that subject pronouns are not used very often in Spanish.

crecer (to grow; to rise)

	PRESENT	PRESENT PERFECT
(yo)	crezco	he crecido
(tú)	creces	has crecido
(él/ella/usted)	crece	ha crecido
(nosotros/as)	crecemos	hemos crecido
(vosotros/as)	crecéis	habéis crecido
(ellos/ellas/ ustedes)	crecen	han crecido

	PRETERITE	IMPERFECT
(yo)	crecí	crecía
(tú)	creciste	crecías
(él/ella/usted)	creció	crecía
(nosotros/as)	crecimos	crecíamos
(vosotros/as)	crecisteis	crecíais
(ellos/ellas/ ustedes)	crecieron	crecían

GERUND
creciendo

PAST PARTICIPLE
crecido

EXAMPLE PHRASES

Esas plantas **crecen** en Chile. Those plants grow in Chile.

¡Cómo **has crecido**! Haven't you grown!

Crecimos juntos. We grew up together.

La ciudad **crecía** a pasos agigantados. The city was growing by leaps and bounds.

Sigue **creciendo** la inflación. Inflation is still rising.

Remember that subject pronouns are not used very often in Spanish.

crecer

	FUTURE	**CONDITIONAL**
(yo)	creceré	crecería
(tú)	crecerás	crecerías
(él/ella/usted)	crecerá	crecería
(nosotros/as)	creceremos	creceríamos
(vosotros/as)	creceréis	creceríais
(ellos/ellas/ ustedes)	crecerán	crecerían

	PRESENT SUBJUNCTIVE	**IMPERFECT SUBJUNCTIVE**
(yo)	crezca	creciera or creciese
(tú)	crezcas	crecieras or crecieses
(él/ella/usted)	crezca	creciera or creciese
(nosotros/as)	crezcamos	creciéramos or creciésemos
(vosotros/as)	crezcáis	crecierais or crecieseis
(ellos/ellas/ ustedes)	crezcan	crecieran or creciesen

IMPERATIVE

crece / creced

Use the present subjunctive in all cases other than these tú and vosotros affirmative forms.

EXAMPLE PHRASES

Este año la economía **crecerá** un 2%. The economy will grow by 2% this year.

Crecería mejor en un ambiente húmedo. It would grow better in a humid environment.

Quería que sus hijos **crecieran** en otro ambiente. She wanted her children to grow up in a different environment.

Remember that subject pronouns are not used very often in Spanish.

cruzar (to cross)

	PRESENT	PRESENT PERFECT
(yo)	cruzo	he cruzado
(tú)	cruzas	has cruzado
(él/ella/usted)	cruza	ha cruzado
(nosotros/as)	cruzamos	hemos cruzado
(vosotros/as)	cruzáis	habéis cruzado
(ellos/ellas/ ustedes)	cruzan	han cruzado

	PRETERITE	IMPERFECT
(yo)	crucé	cruzaba
(tú)	cruzaste	cruzabas
(él/ella/usted)	cruzó	cruzaba
(nosotros/as)	cruzamos	cruzábamos
(vosotros/as)	cruzasteis	cruzabais
(ellos/ellas/ ustedes)	cruzaron	cruzaban

GERUND
cruzando

PAST PARTICIPLE
cruzado

EXAMPLE PHRASES

Hace tiempo que no **me cruzo** con él. I haven't seen him for a long time.

La caravana **está cruzando** el desierto. The caravan is crossing the desert.

Cruzaron el puente. They crossed the bridge.

La carretera **cruzaba** el pueblo. The road went through the village.

Remember that subject pronouns are not used very often in Spanish.

cruzar

	FUTURE	CONDITIONAL
(yo)	cruzaré	cruzaría
(tú)	cruzarás	cruzarías
(él/ella/usted)	cruzará	cruzaría
(nosotros/as)	cruzaremos	cruzaríamos
(vosotros/as)	cruzaréis	cruzaríais
(ellos/ellas/ ustedes)	cruzarán	cruzarían

	PRESENT SUBJUNCTIVE	IMPERFECT SUBJUNCTIVE
(yo)	cruce	cruzara or cruzase
(tú)	cruces	cruzaras or cruzases
(él/ella/usted)	cruce	cruzara or cruzase
(nosotros/as)	crucemos	cruzáramos or cruzásemos
(vosotros/as)	crucéis	cruzarais or cruzaseis
(ellos/ellas/ ustedes)	crucen	cruzaran or cruzasen

IMPERATIVE
cruza / cruzad

Use the present subjunctive in all cases other than these tú and vosotros affirmative forms.

EXAMPLE PHRASES
Cruzarán varias especies distintas. They'll cross several different species.

Crucemos los dedos. Let's keep our fingers crossed.

Le dije que **cruzara** con cuidado. I told her to be careful crossing the street.

No **cruces** la calle con el semáforo en rojo. Don't cross the street when the signal's red.

Remember that subject pronouns are not used very often in Spanish.

cubrir (to cover)

	PRESENT		PRESENT PERFECT
(yo)	cubro		he cubierto
(tú)	cubres		has cubierto
(él/ella/usted)	cubre		ha cubierto
(nosotros/as)	cubrimos		hemos cubierto
(vosotros/as)	cubrís		habéis cubierto
(ellos/ellas/ustedes)	cubren		han cubierto

	PRETERITE		IMPERFECT
(yo)	cubrí		cubría
(tú)	cubriste		cubrías
(él/ella/usted)	cubrió		cubría
(nosotros/as)	cubrimos		cubríamos
(vosotros/as)	cubristeis		cubríais
(ellos/ellas/ustedes)	cubrieron		cubrían

GERUND
cubriendo

PAST PARTICIPLE
cubierto

EXAMPLE PHRASES

Esto no **cubre** los gastos. This isn't enough to cover expenses.

Lo **cubrieron** con una manta. They covered him with a blanket.

Se cubrió la cara con las manos. She covered her face with her hands.

La nieve **cubría** la montaña. The mountain was covered in snow.

Remember that subject pronouns are not used very often in Spanish.

cubrir

	FUTURE	CONDITIONAL
(yo)	cubriré	cubriría
(tú)	cubrirás	cubrirías
(él/ella/usted)	cubrirá	cubriría
(nosotros/as)	cubriremos	cubriríamos
(vosotros/as)	cubriréis	cubriríais
(ellos/ellas/ ustedes)	cubrirán	cubrirían

	PRESENT SUBJUNCTIVE	IMPERFECT SUBJUNCTIVE
(yo)	cubra	cubriera or cubriese
(tú)	cubras	cubrieras or cubrieses
(él/ella/usted)	cubra	cubriera or cubriese
(nosotros/as)	cubramos	cubriéramos or cubriésemos
(vosotros/as)	cubráis	cubrierais or cubrieseis
(ellos/ellas/ ustedes)	cubran	cubrieran or cubriesen

IMPERATIVE
cubre / cubrid

Use the present subjunctive in all cases other than these tú and vosotros affirmative forms.

EXAMPLE PHRASES

Los corredores **cubrirán** una distancia de 2 km. The runners will cover a distance of 2 km.

¿Quién **cubriría** la vacante? Who'd fill the vacancy?

Quiero que **cubras** la noticia. I want you to cover the story.

Remember that subject pronouns are not used very often in Spanish.

dar (to give)

	PRESENT	PRESENT PERFECT
(yo)	doy	he dado
(tú)	das	has dado
(él/ella/usted)	da	ha dado
(nosotros/as)	damos	hemos dado
(vosotros/as)	dais	habéis dado
(ellos/ellas/ ustedes)	dan	han dado

	PRETERITE	IMPERFECT
(yo)	di	daba
(tú)	diste	dabas
(él/ella/usted)	dio	daba
(nosotros/as)	dimos	dábamos
(vosotros/as)	disteis	dabais
(ellos/ellas/ ustedes)	dieron	daban

GERUND

dando

PAST PARTICIPLE

dado

EXAMPLE PHRASES

Me **da** miedo la oscuridad. I'm afraid of the dark.

Nos **dieron** un par de entradas gratis. They gave us a pair of free tickets.

Mi ventana **daba** al jardín. My window looked out on the garden.

Remember that subject pronouns are not used very often in Spanish.

dar

	FUTURE	CONDITIONAL
(yo)	daré	daría
(tú)	darás	darías
(él/ella/usted)	dará	daría
(nosotros/as)	daremos	daríamos
(vosotros/as)	daréis	daríais
(ellos/ellas/ustedes)	darán	darían

	PRESENT SUBJUNCTIVE	IMPERFECT SUBJUNCTIVE
(yo)	dé	diera or diese
(tú)	des	dieras or dieses
(él/ella/usted)	dé	diera or diese
(nosotros/as)	demos	diéramos or diésemos
(vosotros/as)	deis	dierais or dieseis
(ellos/ellas/ustedes)	den	dieran or diesen

IMPERATIVE

da / dad

Use the present subjunctive in all cases other than these tú and vosotros affirmative forms.

EXAMPLE PHRASES

Te **daré** el número de mi celular. I'll give you my cell phone number.

Me **daría** mucha alegría volver a verla. It would be really good to see her again.

Quiero que me lo **des** ahora mismo. I want you to give it to me right now.

Déme 2 kilos. 2 kilos, please.

Remember that subject pronouns are not used very often in Spanish.

decir (to say; to tell)

	PRESENT		PRESENT PERFECT
(yo)	digo		he dicho
(tú)	dices		has dicho
(él/ella/usted)	dice		ha dicho
(nosotros/as)	decimos		hemos dicho
(vosotros/as)	decís		habéis dicho
(ellos/ellas/ustedes)	dicen		han dicho

	PRETERITE		IMPERFECT
(yo)	dije		decía
(tú)	dijiste		decías
(él/ella/usted)	dijo		decía
(nosotros/as)	dijimos		decíamos
(vosotros/as)	dijisteis		decíais
(ellos/ellas/ustedes)	dijeron		decían

GERUND
diciendo

PAST PARTICIPLE
dicho

EXAMPLE PHRASES

Pero ¿qué **dices**? What are you saying?

¿Te **dijo** lo de la boda? Did he tell you about the wedding?

Ya me lo había **dicho**. He had already told me.

Siempre nos **decía** que tuviéramos cuidado. She always used to tell us to be careful.

Remember that subject pronouns are not used very often in Spanish.

decir

	FUTURE	CONDITIONAL
(yo)	diré	diría
(tú)	dirás	dirías
(él/ella/usted)	dirá	diría
(nosotros/as)	diremos	diríamos
(vosotros/as)	diréis	diríais
(ellos/ellas/ ustedes)	dirán	dirían

	PRESENT SUBJUNCTIVE	IMPERFECT SUBJUNCTIVE
(yo)	diga	dijera or dijese
(tú)	digas	dijeras or dijeses
(él/ella/usted)	diga	dijera or dijese
(nosotros/as)	digamos	dijéramos or dijésemos
(vosotros/as)	digáis	dijerais or dijeseis
(ellos/ellas/ ustedes)	digan	dijeran or dijesen

IMPERATIVE

di / decid

Use the present subjunctive in all cases other than these tú and vosotros affirmative forms.

EXAMPLE PHRASES

Yo **diría** que miente. I'd say he's lying.

Si me **dijeras** lo que pasa, a lo mejor podría ayudar. If you told me what was going on, maybe I could help.

No le **digas** que me viste. Don't tell him you saw me.

Remember that subject pronouns are not used very often in Spanish.

despreocuparse (to stop worrying)

	PRESENT	**PRESENT PERFECT**
(yo)	me despreocupo	me he despreocupado
(tú)	te despreocupas	te has despreocupado
(él/ella/usted)	se despreocupa	se ha despreocupado
(nosotros/as)	nos despreocupamos	nos hemos despreocupado
(vosotros/as)	os despreocupáis	os habéis despreocupado
(ellos/ellas/ustedes)	se despreocupan	se han despreocupado

	PRETERITE	**IMPERFECT**
(yo)	me despreocupé	me despreocupaba
(tú)	te despreocupaste	te despreocupabas
(él/ella/usted)	se despreocupó	se despreocupaba
(nosotros/as)	nos despreocupamos	nos despreocupábamos
(vosotros/as)	os despreocupasteis	os despreocupabais
(ellos/ellas/ustedes)	se despreocuparon	se despreocupaban

GERUND
despreocupándose, etc

PAST PARTICIPLE
despreocupado

EXAMPLE PHRASES

Deberías **despreocuparte** un poco más de las cosas. You shouldn't worry so much about things.

Se **despreocupa** de todo. He shows no concern for anything.

Se **despreocupó** del asunto. He forgot about the matter.

Remember that subject pronouns are not used very often in Spanish.

despreocuparse

	FUTURE	**CONDITIONAL**
(yo)	me despreocuparé	me despreocuparía
(tú)	te despreocuparás	te despreocuparías
(él/ella/usted)	se despreocupará	se despreocuparía
(nosotros/as)	nos despreocuparemos	nos despreocuparíamos
(vosotros/as)	os despreocuparéis	os despreocuparíais
(ellos/ellas/ustedes)	se despreocuparán	se despreocuparían

	PRESENT SUBJUNCTIVE	**IMPERFECT SUBJUNCTIVE**
(yo)	me despreocupe	me despreocupara or despreocupase
(tú)	te despreocupes	te despreocuparas or despreocupases
(él/ella/usted)	se despreocupe	se despreocupara or despreocupase
(nosotros/as)	nos despreocupemos	nos despreocupáramos or despreocupásemos
(vosotros/as)	os despreocupéis	os despreocuparais or despreocupaseis
(ellos/ellas/ustedes)	se despreocupen	se despreocuparan or despreocupasen

IMPERATIVE

despreocúpate / despreocupaos

Use the present subjunctive in all cases other than these tú and vosotros affirmative forms.

EXAMPLE PHRASES

Yo **me despreocuparía** de él. I wouldn't worry about him.

Despreocúpate de todo. Don't worry about a thing.

detener (to stop; to arrest)

	PRESENT	PRESENT PERFECT
(yo)	detengo	he detenido
(tú)	detienes	has detenido
(él/ella/usted)	detiene	ha detenido
(nosotros/as)	detenemos	hemos detenido
(vosotros/as)	detenéis	habéis detenido
(ellos/ellas/ ustedes)	detienen	han detenido

	PRETERITE	IMPERFECT
(yo)	detuve	detenía
(tú)	detuviste	detenías
(él/ella/usted)	detuvo	detenía
(nosotros/as)	detuvimos	deteníamos
(vosotros/as)	detuvisteis	deteníais
(ellos/ellas/ ustedes)	detuvieron	detenían

GERUND

deteniendo

PAST PARTICIPLE

detenido

EXAMPLE PHRASES

Detuvieron a los ladrones. **They arrested the thieves.**

Nos detuvimos en el semáforo. We stopped at the light.

¡Queda **detenido**! You are under arrest!

Remember that subject pronouns are not used very often in Spanish.

detener

	FUTURE	CONDITIONAL
(yo)	detendré	detendría
(tú)	detendrás	detendrías
(él/ella/usted)	detendrá	detendría
(nosotros/as)	detendremos	detendríamos
(vosotros/as)	detendréis	detendríais
(ellos/ellas/ ustedes)	detendrán	detendrían

	PRESENT SUBJUNCTIVE	IMPERFECT SUBJUNCTIVE
(yo)	detenga	detuviera or detuviese
(tú)	detengas	detuvieras or detuvieses
(él/ella/usted)	detenga	detuviera or detuviese
(nosotros/as)	detengamos	detuviéramos or detuviésemos
(vosotros/as)	detengáis	detuvierais or detuvieseis
(ellos/ellas/ ustedes)	detengan	detuvieran or detuviesen

IMPERATIVE

detén / detened

Use the present subjunctive in all cases other than these tú and vosotros affirmative forms.

EXAMPLE PHRASES

Nada la **detendrá**. Nothing will stop her.

Si **te detuvieras** a pensar, nunca harías nada. If you stopped to think, you'd never do anything.

¡**Deténgase**! Stop!

¡No **te detengas**! Don't stop!

Remember that subject pronouns are not used very often in Spanish.

dirigir (to direct; to run)

	PRESENT		PRESENT PERFECT
(yo)	dirijo		he dirigido
(tú)	diriges		has dirigido
(él/ella/usted)	dirige		ha dirigido
(nosotros/as)	dirigimos		hemos dirigido
(vosotros/as)	dirigís		habéis dirigido
(ellos/ellas/ ustedes)	dirigen		han dirigido

	PRETERITE		IMPERFECT
(yo)	dirigí		dirigía
(tú)	dirigiste		dirigías
(él/ella/usted)	dirigió		dirigía
(nosotros/as)	dirigimos		dirigíamos
(vosotros/as)	dirigisteis		dirigíais
(ellos/ellas/ ustedes)	dirigieron		dirigían

GERUND
dirigiendo

PAST PARTICIPLE
dirigido

EXAMPLE PHRASES

Dirijo esta empresa desde hace dos años. I've been running this company for two years.

Ha dirigido varias películas. She has directed several movies.

No le **dirigió** la palabra. She didn't say a word to him.

Se **dirigía** a su casa. He was making his way home.

Remember that subject pronouns are not used very often in Spanish.

dirigir

	FUTURE	CONDITIONAL
(yo)	dirigiré	dirigiría
(tú)	dirigirás	dirigirías
(él/ella/usted)	dirigirá	dirigiría
(nosotros/as)	dirigiremos	dirigiríamos
(vosotros/as)	dirigiréis	dirigiríais
(ellos/ellas/ ustedes)	dirigirán	dirigirían

	PRESENT SUBJUNCTIVE	IMPERFECT SUBJUNCTIVE
(yo)	dirija	dirigiera or dirigiese
(tú)	dirijas	dirigieras or dirigieses
(él/ella/usted)	dirija	dirigiera or dirigiese
(nosotros/as)	dirijamos	dirigiéramos or dirigiésemos
(vosotros/as)	dirijáis	dirigierais or dirigieseis
(ellos/ellas/ ustedes)	dirijan	dirigieran or dirigiesen

IMPERATIVE
dirige / dirigid

Use the present subjunctive in all cases other than these tú and vosotros affirmative forms.

EXAMPLE PHRASES
Dirigirá la expedición. He'll be leading the expedition.

Para más información **diríjase** a la página 82. For more information turn to
page 82.

Remember that subject pronouns are not used very often in Spanish.

distinguir (to distinguish)

	PRESENT		PRESENT PERFECT
(yo)	distingo		he distinguido
(tú)	distingues		has distinguido
(él/ella/usted)	distingue		ha distinguido
(nosotros/as)	distinguimos		hemos distinguido
(vosotros/as)	distinguís		habéis distinguido
(ellos/ellas/ ustedes)	distinguen		han distinguido

	PRETERITE		IMPERFECT
(yo)	distinguí		distinguía
(tú)	distinguiste		distinguías
(él/ella/usted)	distinguió		distinguía
(nosotros/as)	distinguimos		distinguíamos
(vosotros/as)	distinguisteis		distinguíais
(ellos/ellas/ ustedes)	distinguieron		distinguían

GERUND
distinguiendo

PAST PARTICIPLE
distinguido

EXAMPLE PHRASES

No lo **distingo** del azul. I can't tell the difference between it and the blue one.

Se **distinguió** por su valentía. He distinguished himself with his bravery.

Se **distinguía** desde lejos. You could see it from a distance.

Remember that subject pronouns are not used very often in Spanish.

distinguir

	FUTURE	**CONDITIONAL**
(yo)	distinguiré	distinguiría
(tú)	distinguirás	distinguirías
(él/ella/usted)	distinguirá	distinguiría
(nosotros/as)	distinguiremos	distinguiríamos
(vosotros/as)	distinguiréis	distinguiríais
(ellos/ellas/ ustedes)	distinguirán	distinguirían

	PRESENT SUBJUNCTIVE	**IMPERFECT SUBJUNCTIVE**
(yo)	distinga	distinguiera or distinguiese
(tú)	distingas	distinguieras or distinguieses
(él/ella/usted)	distinga	distinguiera or distinguiese
(nosotros/as)	distingamos	distinguiéramos or distinguiésemos
(vosotros/as)	distingáis	distinguierais or distinguieseis
(ellos/ellas/ ustedes)	distingan	distinguieran or distinguiesen

IMPERATIVE

distingue / distinguid

Use the present subjunctive in all cases other than these tú and vosotros affirmative forms.

EXAMPLE PHRASES

No los **distinguiría**. I wouldn't be able to tell them apart.

Nos **distinguirá** con su presencia. She will honor us with her presence.

Remember that subject pronouns are not used very often in Spanish.

divertir (to entertain; to amuse)

	PRESENT	PRESENT PERFECT
(yo)	divierto	he divertido
(tú)	diviertes	has divertido
(él/ella/usted)	divierte	ha divertido
(nosotros/as)	divertimos	hemos divertido
(vosotros/as)	divertís	habéis divertido
(ellos/ellas/ ustedes)	divierten	han divertido

	PRETERITE	IMPERFECT
(yo)	divertí	divertía
(tú)	divertiste	divertías
(él/ella/usted)	divirtió	divertía
(nosotros/as)	divertimos	divertíamos
(vosotros/as)	divertisteis	divertíais
(ellos/ellas/ ustedes)	divirtieron	divertían

GERUND
divirtiendo

PAST PARTICIPLE
divertido

EXAMPLE PHRASES

Cantamos sólo para **divertirnos**. We sing just for fun.

Me **divierte** verlos tan serios. It's amusing to see them looking so serious.

¿**Se divirtieron** en la fiesta? Did you enjoy the party?

Nos **divirtió** con sus anécdotas. He entertained us with his stories.

Nos divertíamos mucho jugando en la playa. We were having a great time
playing on the beach.

Remember that subject pronouns are not used very often in Spanish.

divertir

	FUTURE	CONDITIONAL
(yo)	divertiré	divertiría
(tú)	divertirás	divertirías
(él/ella/usted)	divertirá	divertiría
(nosotros/as)	divertiremos	divertiríamos
(vosotros/as)	divertiréis	divertiríais
(ellos/ellas/ustedes)	divertirán	divertirían

	PRESENT SUBJUNCTIVE	IMPERFECT SUBJUNCTIVE
(yo)	divierta	divirtiera *or* divirtiese
(tú)	diviertas	divirtieras *or* divirtieses
(él/ella/usted)	divierta	divirtiera *or* divirtiese
(nosotros/as)	divirtamos	divirtiéramos *or* divirtiésemos
(vosotros/as)	divirtáis	divirtierais *or* divirtieseis
(ellos/ellas/ustedes)	diviertan	divirtieran *or* divirtiesen

IMPERATIVE

divierte / divertid

Use the present subjunctive in all cases other than these tú and vosotros affirmative forms.

EXAMPLE PHRASES

Si fueras, **te divertirías** mucho. If you went, you'd have a great time.

Hizo lo posible por que **se divirtieran**. He did everything he could to make it fun for them.

¡Que **te diviertas**! Have a good time!

Remember that subject pronouns are not used very often in Spanish.

dormir (to sleep)

	PRESENT	PRESENT PERFECT
(yo)	duermo	he dormido
(tú)	duermes	has dormido
(él/ella/usted)	duerme	ha dormido
(nosotros/as)	dormimos	hemos dormido
(vosotros/as)	dormís	habéis dormido
(ellos/ellas/ ustedes)	duermen	han dormido

	PRETERITE	IMPERFECT
(yo)	dormí	dormía
(tú)	dormiste	dormías
(él/ella/usted)	durmió	dormía
(nosotros/as)	dormimos	dormíamos
(vosotros/as)	dormisteis	dormíais
(ellos/ellas/ ustedes)	durmieron	dormían

GERUND

durmiendo

PAST PARTICIPLE

dormido

EXAMPLE PHRASES

No **duermo** muy bien. I don't sleep very well.

Está **durmiendo**. She's asleep.

Dormí de un tirón. I slept like a log.

Se me **durmió** la pierna. My leg went to sleep.

Se **dormía** en clase. She would fall asleep in class.

Remember that subject pronouns are not used very often in Spanish.

dormir

	FUTURE	**CONDITIONAL**
(yo)	dormiré	dormiría
(tú)	dormirás	dormirías
(él/ella/usted)	dormirá	dormiría
(nosotros/as)	dormiremos	dormiríamos
(vosotros/as)	dormiréis	dormiríais
(ellos/ellas/ ustedes)	dormirán	dormirían

	PRESENT SUBJUNCTIVE	**IMPERFECT SUBJUNCTIVE**
(yo)	duerma	durmiera *or* durmiese
(tú)	duermas	durmieras *or* durmieses
(él/ella/usted)	duerma	durmiera *or* durmiese
(nosotros/as)	durmamos	durmiéramos *or* durmiésemos
(vosotros/as)	durmáis	durmierais *or* durmieseis
(ellos/ellas/ ustedes)	duerman	durmieran *or* durmiesen

IMPERATIVE
duerme / dormid

Use the present subjunctive in all cases other than these tú and vosotros affirmative forms.

EXAMPLE PHRASES
Si no tomo café, **me dormiré**. I'll fall asleep if I don't have some coffee.

Yo no **dormiría** en esa casa. I wouldn't sleep in that house.

Quiero que **duermas** la siesta. I want you to take a nap.

Si **durmieras** más horas, no estarías tan cansada. You wouldn't be so tired
if you got more sleep.

Remember that subject pronouns are not used very often in Spanish.

elegir (to choose; to elect)

	PRESENT		PRESENT PERFECT
(yo)	elijo		he elegido
(tú)	eliges		has elegido
(él/ella/usted)	elige		ha elegido
(nosotros/as)	elegimos		hemos elegido
(vosotros/as)	elegís		habéis elegido
(ellos/ellas/ ustedes)	eligen		han elegido

	PRETERITE		IMPERFECT
(yo)	elegí		elegía
(tú)	elegiste		elegías
(él/ella/usted)	eligió		elegía
(nosotros/as)	elegimos		elegíamos
(vosotros/as)	elegisteis		elegíais
(ellos/ellas/ ustedes)	eligieron		elegían

GERUND

eligiendo

PAST PARTICIPLE

elegido

EXAMPLE PHRASES

Te dan a **elegir** entre dos modelos. You have a choice of two models.

Nosotros no **elegimos** a nuestros padres, ni ellos nos **eligen** a nosotros.

We don't choose our parents and they don't choose us either.

Creo que **eligió** bien. I think he made a good choice.

Salió **elegido** presidente. He was elected president.

Remember that subject pronouns are not used very often in Spanish.

elegir

	FUTURE	CONDITIONAL
(yo)	elegiré	elegiría
(tú)	elegirás	elegirías
(él/ella/usted)	elegirá	elegiría
(nosotros/as)	elegiremos	elegiríamos
(vosotros/as)	elegiréis	elegiríais
(ellos/ellas/ ustedes)	elegirán	elegirían

	PRESENT SUBJUNCTIVE	IMPERFECT SUBJUNCTIVE
(yo)	elija	eligiera *or* eligiese
(tú)	elijas	eligieras *or* eligieses
(él/ella/usted)	elija	eligiera *or* eligiese
(nosotros/as)	elijamos	eligiéramos *or* eligiésemos
(vosotros/as)	elijáis	eligierais *or* eligieseis
(ellos/ellas/ ustedes)	elijan	eligieran *or* eligiesen

IMPERATIVE
elige / elegid

Use the present subjunctive in all cases other than these tú and vosotros affirmative forms.

EXAMPLE PHRASES
Yo **elegiría** el más caro. I'd choose the most expensive one.

Elija una carta. Pick a card.

Remember that subject pronouns are not used very often in Spanish.

empezar (to begin; to start)

	PRESENT	PRESENT PERFECT
(yo)	empiezo	he empezado
(tú)	empiezas	has empezado
(él/ella/usted)	empieza	ha empezado
(nosotros/as)	empezamos	hemos empezado
(vosotros/as)	empezáis	habéis empezado
(ellos/ellas/ustedes)	empiezan	han empezado

	PRETERITE	IMPERFECT
(yo)	empecé	empezaba
(tú)	empezaste	empezabas
(él/ella/usted)	empezó	empezaba
(nosotros/as)	empezamos	empezábamos
(vosotros/as)	empezasteis	empezabais
(ellos/ellas/ustedes)	empezaron	empezaban

GERUND
empezando

PAST PARTICIPLE
empezado

EXAMPLE PHRASES

Está a punto de **empezar**. It's about to start.

¿Cuándo **empiezas** a trabajar en el sitio nuevo? When do you start work at the new place?

Empezó a nevar. It started snowing.

Las vacaciones **empezaron** el quince. The vacation started on the fifteenth.

Empezaba con p. It began with p.

Remember that subject pronouns are not used very often in Spanish.

empezar

	FUTURE	**CONDITIONAL**
(yo)	empezaré	empezaría
(tú)	empezarás	empezarías
(él/ella/usted)	empezará	empezaría
(nosotros/as)	empezaremos	empezaríamos
(vosotros/as)	empezaréis	empezaríais
(ellos/ellas/ ustedes)	empezarán	empezarían

	PRESENT SUBJUNCTIVE	**IMPERFECT SUBJUNCTIVE**
(yo)	empiece	empezara or empezase
(tú)	empieces	empezaras or empezases
(él/ella/usted)	empiece	empezara or empezase
(nosotros/as)	empecemos	empezáramos or empezásemos
(vosotros/as)	empecéis	empezarais or empezaseis
(ellos/ellas/ ustedes)	empiecen	empezaran or empezasen

IMPERATIVE

empieza / empezad

Use the present subjunctive in all cases other than these tú and vosotros affirmative forms.

EXAMPLE PHRASES

La semana que viene **empezaremos** un curso nuevo. We'll start a new course next week.

Yo **empezaría** desde cero. I'd start from scratch.

Quiero que **empieces** ya. I want you to start now.

Si **empezáramos** ahora, acabaríamos a las diez. If we started now, we'd be finished by ten.

Empieza por aquí. Start here.

Remember that subject pronouns are not used very often in Spanish.

enfrentarse a/con (to face)

	PRESENT		PRESENT PERFECT
(yo)	me enfrento		me he enfrentado
(tú)	te enfrentas		te has enfrentado
(él/ella/usted)	se enfrenta		se ha enfrentado
(nosotros/as)	nos enfrentamos		nos hemos enfrentado
(vosotros/as)	os enfrentáis		os habéis enfrentado
(ellos/ellas/ ustedes)	se enfrentan		se han enfrentado

	PRETERITE		IMPERFECT
(yo)	me enfrenté		me enfrentaba
(tú)	te enfrentaste		te enfrentabas
(él/ella/usted)	se enfrentó		se enfrentaba
(nosotros/as)	nos enfrentamos		nos enfrentábamos
(vosotros/as)	os enfrentasteis		os enfrentabais
(ellos/ellas/ ustedes)	se enfrentaron		se enfrentaban

GERUND

enfrentándose, etc

PAST PARTICIPLE

enfrentado

EXAMPLE PHRASES

Tienes que **enfrentarte** al problema. **You have to face up to the problem.**

Hoy **se enfrentan** los dos semifinalistas. **The two semifinalists meet today.**

Padre e hijo **se han enfrentado** varias veces. **Father and son have had several confrontations.**

Se enfrentaban a un futuro incierto. **They faced an uncertain future.**

Remember that subject pronouns are not used very often in Spanish.

enfrentarse a/con

	FUTURE	CONDITIONAL
(yo)	me enfrentaré	me enfrentaría
(tú)	te enfrentarás	te enfrentarías
(él/ella/usted)	se enfrentará	se enfrentaría
(nosotros/as)	nos enfrentaremos	nos enfrentaríamos
(vosotros/as)	os enfrentaréis	os enfrentaríais
(ellos/ellas/ustedes)	se enfrentarán	se enfrentarían

	PRESENT SUBJUNCTIVE	IMPERFECT SUBJUNCTIVE
(yo)	me enfrente	me enfrentara *or* enfrentase
(tú)	te enfrentes	te enfrentaras *or* enfrentases
(él/ella/usted)	se enfrente	se enfrentara *or* enfrentase
(nosotros/as)	nos enfrentemos	nos enfrentáramos *or* enfrentásemos
(vosotros/as)	os enfrentéis	os enfrentarais *or* enfrentaseis
(ellos/ellas/ustedes)	se enfrenten	se enfrentaran *or* enfrentasen

IMPERATIVE

enfréntate / enfrentaos

Use the present subjunctive in all cases other than these tú and vosotros affirmative forms.

EXAMPLE PHRASES

Los dos equipos **se enfrentarán** mañana. The two teams will play each other tomorrow.

No **te enfrentes** con él. Don't confront him.

Remember that subject pronouns are not used very often in Spanish.

entender (to understand)

	PRESENT	PRESENT PERFECT
(yo)	entiendo	he entendido
(tú)	entiendes	has entendido
(él/ella/usted)	entiende	ha entendido
(nosotros/as)	entendemos	hemos entendido
(vosotros/as)	entendéis	habéis entendido
(ellos/ellas/ ustedes)	entienden	han entendido

	PRETERITE	IMPERFECT
(yo)	entendí	entendía
(tú)	entendiste	entendías
(él/ella/usted)	entendió	entendía
(nosotros/as)	entendimos	entendíamos
(vosotros/as)	entendisteis	entendíais
(ellos/ellas/ ustedes)	entendieron	entendían

GERUND
entendiendo

PAST PARTICIPLE
entendido

EXAMPLE PHRASES

No lo vas a **entender**. You won't understand.

No lo **entiendo**. I don't understand.

Estás **entendiéndolo** todo al revés. You're getting me all wrong.

¿**Entendiste** lo que dijo? Did you understand what she said?

Mi padre **entendía** mucho de caballos. My father knew a lot about horses.

Remember that subject pronouns are not used very often in Spanish.

entender

	FUTURE	**CONDITIONAL**
(yo)	entenderé	entendería
(tú)	entenderás	entenderías
(él/ella/usted)	entenderá	entendería
(nosotros/as)	entenderemos	entenderíamos
(vosotros/as)	entenderéis	entenderíais
(ellos/ellas/ ustedes)	entenderán	entenderían

	PRESENT SUBJUNCTIVE	**IMPERFECT SUBJUNCTIVE**
(yo)	entienda	entendiera or entendiese
(tú)	entiendas	entendieras or entendieses
(él/ella/usted)	entienda	entendiera or entendiese
(nosotros/as)	entendamos	entendiéramos or entendiésemos
(vosotros/as)	entendáis	entendierais or entendieseis
(ellos/ellas/ ustedes)	entiendan	entendieran or entendiesen

IMPERATIVE

entiende / entended

Use the present subjunctive in all cases other than these tú and vosotros affirmative forms.

EXAMPLE PHRASES

Con el tiempo lo **entenderás**. You'll understand one day.

Yo no lo **entendería** así. I wouldn't interpret it like that.

Si de verdad me **entendieras**, no habrías dicho eso. If you really understood me, you wouldn't have said that.

No me **entiendas** mal. Don't misunderstand me.

Remember that subject pronouns are not used very often in Spanish.

enviar (to send)

	PRESENT		PRESENT PERFECT
(yo)	envío		he enviado
(tú)	envías		has enviado
(él/ella/usted)	envía		ha enviado
(nosotros/as)	enviamos		hemos enviado
(vosotros/as)	enviáis		habéis enviado
(ellos/ellas/ustedes)	envían		han enviado

	PRETERITE	IMPERFECT
(yo)	envié	enviaba
(tú)	enviaste	enviabas
(él/ella/usted)	envió	enviaba
(nosotros/as)	enviamos	enviábamos
(vosotros/as)	enviasteis	enviabais
(ellos/ellas/ustedes)	enviaron	enviaban

GERUND

enviando

PAST PARTICIPLE

enviado

EXAMPLE PHRASES

¿Cómo lo vas a **enviar**? How are you going to send it?

Les **envío** el trabajo por correo electrónico. I send them my work by email.

Ya **está enviando** las invitaciones. She has already started sending out the invitations.

La **han enviado** a Guatemala. They've sent her to Guatemala.

Le **envió** el regalo por correo. He mailed her the present.

Remember that subject pronouns are not used very often in Spanish.

enviar

	FUTURE	CONDITIONAL
(yo)	enviaré	enviaría
(tú)	enviarás	enviarías
(él/ella/usted)	enviará	enviaría
(nosotros/as)	enviaremos	enviaríamos
(vosotros/as)	enviaréis	enviaríais
(ellos/ellas/ ustedes)	enviarán	enviarían

	PRESENT SUBJUNCTIVE	IMPERFECT SUBJUNCTIVE
(yo)	envíe	enviara or enviase
(tú)	envíes	enviaras or enviases
(él/ella/usted)	envíe	enviara or enviase
(nosotros/as)	enviemos	enviáramos or enviásemos
(vosotros/as)	enviéis	enviarais or enviaseis
(ellos/ellas/ ustedes)	envíen	enviaran or enviasen

IMPERATIVE

envía / enviad

Use the present subjunctive in all cases other than these tú and vosotros affirmative forms.

EXAMPLE PHRASES

Nos **enviarán** más información. They'll send us more information.

Yo lo **enviaría** por mensajero. I'd send it by courier.

Necesitamos que lo **envíes** inmediatamente. We need you to send it immediately.

Si lo **enviaras** ahora, llegaría el lunes. If you sent it now it would get there on Monday.

No lo **envíes** sin repasarlo antes. Don't send it in without checking it first.

Envíe sus datos personales. Send in your details.

Remember that subject pronouns are not used very often in Spanish.

equivocarse (to make a mistake; to be wrong)

	PRESENT	PRESENT PERFECT
(yo)	me equivoco	me he equivocado
(tú)	te equivocas	te has equivocado
(él/ella/usted)	se equivoca	se ha equivocado
(nosotros/as)	nos equivocamos	nos hemos equivocado
(vosotros/as)	os equivocáis	os habéis equivocado
(ellos/ellas/ ustedes)	se equivocan	se han equivocado

	PRETERITE	IMPERFECT
(yo)	me equivoqué	me equivocaba
(tú)	te equivocaste	te equivocabas
(él/ella/usted)	se equivocó	se equivocaba
(nosotros/as)	nos equivocamos	nos equivocábamos
(vosotros/as)	os equivocasteis	os equivocabais
(ellos/ellas/ ustedes)	se equivocaron	se equivocaban

GERUND

equivocándose, etc

PAST PARTICIPLE

equivocado

EXAMPLE PHRASES

Si crees que voy a dejarte ir, **te equivocas**. If you think I'm going to let you go, you're mistaken.

Se equivocaron de tren. They took the wrong train.

Siempre **se equivocaba** de calle. He always took the wrong street.

Remember that subject pronouns are not used very often in Spanish.

equivocarse

	FUTURE	CONDITIONAL
(yo)	me equivocaré	me equivocaría
(tú)	te equivocarás	te equivocarías
(él/ella/usted)	se equivocará	se equivocaría
(nosotros/as)	nos equivocaremos	nos equivocaríamos
(vosotros/as)	os equivocaréis	os equivocaríais
(ellos/ellas/ ustedes)	se equivocarán	se equivocarían

	PRESENT SUBJUNCTIVE	IMPERFECT SUBJUNCTIVE
(yo)	me equivoque	me equivocara or equivocase
(tú)	te equivoques	te equivocaras or equivocases
(él/ella/usted)	se equivoque	se equivocara or equivocase
(nosotros/as)	nos equivoquemos	nos equivocáramos or equivocásemos
(vosotros/as)	os equivoquéis	os equivocarais or equivocaseis
(ellos/ellas/ ustedes)	se equivoquen	se equivocaran or equivocasen

IMPERATIVE

equivócate / equivocaos

Use the present subjunctive in all cases other than these tú and vosotros affirmative forms.

EXAMPLE PHRASES

Sobre todo, no **te equivoques** de hora. Above all, don't get the time wrong.

Si **te equivocaras**, quedarías eliminado del juego. If you made a mistake, you'd be out of the game.

Remember that subject pronouns are not used very often in Spanish.

erguir (to erect)

	PRESENT	PRESENT PERFECT
(yo)	yergo	he erguido
(tú)	yergues	has erguido
(él/ella/usted)	yergue	ha erguido
(nosotros/as)	erguimos	hemos erguido
(vosotros/as)	erguís	habéis erguido
(ellos/ellas/ ustedes)	yerguen	han erguido

	PRETERITE	IMPERFECT
(yo)	erguí	erguía
(tú)	erguiste	erguías
(él/ella/usted)	irguió	erguía
(nosotros/as)	erguimos	erguíamos
(vosotros/as)	erguisteis	erguías
(ellos/ellas/ ustedes)	irguieron	erguían

GERUND
irguiendo

PAST PARTICIPLE
erguido

EXAMPLE PHRASES

El perro **irguió** las orejas. The dog pricked up its ears.

La montaña **se erguía** majestuosa sobre el valle. The mountain rose majestically above the valley.

Tú mantén siempre la cabeza bien **erguida**. You must always hold your head high.

Remember that subject pronouns are not used very often in Spanish.

erguir

	FUTURE	**CONDITIONAL**
(yo)	erguiré	erguiría
(tú)	erguirás	erguirías
(él/ella/usted)	erguirá	erguiría
(nosotros/as)	erguiremos	erguiríamos
(vosotros/as)	erguiréis	erguiríais
(ellos/ellas/ ustedes)	erguirán	erguirían

	PRESENT SUBJUNCTIVE	**IMPERFECT SUBJUNCTIVE**
(yo)	yerga	irguiera or irguiese
(tú)	yergas	irguieras or irguieses
(él/ella/usted)	yerga	irguiera or irguiese
(nosotros/as)	irgamos	irguiéramos or irguiésemos
(vosotros/as)	irgáis	irguierais or irguieseis
(ellos/ellas/ ustedes)	yergan	irguieran or irguiesen

IMPERATIVE

yergue / erguid

Use the present subjunctive in all cases other than these tú and vosotros affirmative forms.

Remember that subject pronouns are not used very often in Spanish.

errar (to err)

	PRESENT	PRESENT PERFECT
(yo)	yerro	he errado
(tú)	yerras	has errado
(él/ella/usted)	yerra	ha errado
(nosotros/as)	erramos	hemos errado
(vosotros/as)	erráis	habéis errado
(ellos/ellas/ ustedes)	yerran	han errado

	PRETERITE	IMPERFECT
(yo)	erré	erraba
(tú)	erraste	errabas
(él/ella/usted)	erró	erraba
(nosotros/as)	erramos	errábamos
(vosotros/as)	errasteis	errabais
(ellos/ellas/ ustedes)	erraron	erraban

GERUND

errando

PAST PARTICIPLE

errado

EXAMPLE PHRASES

Errar es humano. To err is human.

Había errado en su decisión. She had made the wrong decision.

Erró el tiro. He missed.

Remember that subject pronouns are not used very often in Spanish.

errar

	FUTURE	CONDITIONAL
(yo)	erraré	erraría
(tú)	errarás	errarías
(él/ella/usted)	errará	erraría
(nosotros/as)	erraremos	erraríamos
(vosotros/as)	erraréis	erraríais
(ellos/ellas/ ustedes)	errarán	errarían

	PRESENT SUBJUNCTIVE	IMPERFECT SUBJUNCTIVE
(yo)	yerre	errara or errase
(tú)	yerres	erraras or errases
(él/ella/usted)	yerre	errara or errase
(nosotros/as)	erremos	erráramos or errásemos
(vosotros/as)	erréis	errarais or erraseis
(ellos/ellas/ ustedes)	yerren	erraran or errasen

IMPERATIVE

yerra / errad

Use the present subjunctive in all cases other than these tú and vosotros affirmative forms.

Remember that subject pronouns are not used very often in Spanish.

escoger (to choose; to pick)

	PRESENT	PRESENT PERFECT
(yo)	escojo	he escogido
(tú)	escoges	has escogido
(él/ella/usted)	escoge	ha escogido
(nosotros/as)	escogemos	hemos escogido
(vosotros/as)	escogéis	habéis escogido
(ellos/ellas/ ustedes)	escogen	han escogido

	PRETERITE	IMPERFECT
(yo)	escogí	escogía
(tú)	escogiste	escogías
(él/ella/usted)	escogió	escogía
(nosotros/as)	escogimos	escogíamos
(vosotros/as)	escogisteis	escogíais
(ellos/ellas/ ustedes)	escogieron	escogían

GERUND

escogiendo

PAST PARTICIPLE

escogido

EXAMPLE PHRASES

Escogió el más caro. He chose the most expensive one.

Escogía siempre al mismo alumno. She always picked the same student.

Remember that subject pronouns are not used very often in Spanish.

escoger

	FUTURE	CONDITIONAL
(yo)	escogeré	escogería
(tú)	escogerás	escogerías
(él/ella/usted)	escogerá	escogería
(nosotros/as)	escogeremos	escogeríamos
(vosotros/as)	escogeréis	escogeríais
(ellos/ellas/ ustedes)	escogerán	escogerían

	PRESENT SUBJUNCTIVE	IMPERFECT SUBJUNCTIVE
(yo)	escoja	escogiera *or* escogiese
(tú)	escojas	escogieras *or* escogieses
(él/ella/usted)	escoja	escogiera *or* escogiese
(nosotros/as)	escojamos	escogiéramos *or* escogiésemos
(vosotros/as)	escojáis	escogierais *or* escogieseis
(ellos/ellas/ ustedes)	escojan	escogieran *or* escogiesen

IMPERATIVE
escoge / escoged

Use the present subjunctive in all cases other than these tú *and* vosotros *affirmative forms.*

EXAMPLE PHRASES
Yo **escogería** el azul. I'd choose the blue one.

Escoja el que más le guste. Pick the one you like best.

escribir (to write)

	PRESENT		PRESENT PERFECT
(yo)	escribo		he escrito
(tú)	escribes		has escrito
(él/ella/usted)	escribe		ha escrito
(nosotros/as)	escribimos		hemos escrito
(vosotros/as)	escribís		habéis escrito
(ellos/ellas/ ustedes)	escriben		han escrito

	PRETERITE		IMPERFECT
(yo)	escribí		escribía
(tú)	escribiste		escribías
(él/ella/usted)	escribió		escribía
(nosotros/as)	escribimos		escribíamos
(vosotros/as)	escribisteis		escribíais
(ellos/ellas/ ustedes)	escribieron		escribían

GERUND

escribiendo

PAST PARTICIPLE

escrito

EXAMPLE PHRASES

¿Cómo se **escribe** su nombre? How do you spell your name?

¿**Estás escribiendo** la carta? Are you writing the letter?

Eso lo **escribí** yo. I wrote that.

Nos escribimos durante un tiempo. We wrote to each other for a while.

Escribía canciones. She wrote songs.

Remember that subject pronouns are not used very often in Spanish.

escribir

	FUTURE	CONDITIONAL
(yo)	escribiré	escribiría
(tú)	escribirás	escribirías
(él/ella/usted)	escribirá	escribiría
(nosotros/as)	escribiremos	escribiríamos
(vosotros/as)	escribiréis	escribiríais
(ellos/ellas/ ustedes)	escribirán	escribirían

	PRESENT SUBJUNCTIVE	IMPERFECT SUBJUNCTIVE
(yo)	escriba	escribiera or escribiese
(tú)	escribas	escribieras or escribieses
(él/ella/usted)	escriba	escribiera or escribiese
(nosotros/as)	escribamos	escribiéramos or escribiésemos
(vosotros/as)	escribáis	escribierais or escribieseis
(ellos/ellas/ ustedes)	escriban	escribieran or escribiesen

IMPERATIVE

escribe / escribid

Use the present subjunctive in all cases other than these tú and vosotros affirmative forms.

EXAMPLE PHRASES

¿Me **escribirás**? Will you write to me?

Yo lo **escribiría** con mayúscula. I'd write it with a capital letter.

No **escribas** en la mesa. Don't write on the table.

Si de verdad **escribiera** bien, ya le habrían publicado algún libro. If he really was a good writer, he'd have had a book published by now.

Escríbelo en el pizarrón. Write it on the blackboard.

Remember that subject pronouns are not used very often in Spanish.

esforzarse (to make an effort)

	PRESENT	PRESENT PERFECT
(yo)	me esfuerzo	me he esforzado
(tú)	te esfuerzas	te has esforzado
(él/ella/usted)	se esfuerza	se ha esforzado
(nosotros/as)	nos esforzamos	nos hemos esforzado
(vosotros/as)	os esforzáis	os habéis esforzado
(ellos/ellas/ ustedes)	se esfuerzan	se han esforzado

	PRETERITE	IMPERFECT
(yo)	me esforcé	me esforzaba
(tú)	te esforzaste	te esforzabas
(él/ella/usted)	se esforzó	se esforzaba
(nosotros/as)	nos esforzamos	nos esforzábamos
(vosotros/as)	os esforzasteis	os esforzabais
(ellos/ellas/ ustedes)	se esforzaron	se esforzaban

GERUND

esforzándose, etc

PAST PARTICIPLE

esforzado

EXAMPLE PHRASES

Tienes que **esforzarte** si quieres ganar. You have to make an effort if you want to win.

No **te esfuerzas** lo suficiente. You don't make enough effort.

Se esforzó todo lo que pudo por aprobar el examen. He did his best to pass the test.

Me esforzaba por entenderla. I tried hard to understand her.

Remember that subject pronouns are not used very often in Spanish.

esforzarse

	FUTURE	**CONDITIONAL**
(yo)	me esforzaré	me esforzaría
(tú)	te esforzarás	te esforzarías
(él/ella/usted)	se esforzará	se esforzaría
(nosotros/as)	nos esforzaremos	nos esforzaríamos
(vosotros/as)	os esforzaréis	os esforzaríais
(ellos/ellas/ ustedes)	se esforzarán	se esforzarían

	PRESENT SUBJUNCTIVE	**IMPERFECT SUBJUNCTIVE**
(yo)	me esfuerce	me esforzara *or* esforzase
(tú)	te esfuerces	te esforzaras *or* esforzases
(él/ella/usted)	se esfuerce	se esforzara *or* esforzase
(nosotros/as)	nos esforcemos	nos esforzáramos *or* esforzásemos
(vosotros/as)	os esforcéis	os esforzarais *or* esforzaseis
(ellos/ellas/ ustedes)	se esfuercen	se esforzaran *or* esforzasen

IMPERATIVE

esfuérzate / esforzaos

Use the present subjunctive in all cases other than these tú and vosotros affirmative forms.

EXAMPLE PHRASES

No **te esfuerces**, no me vas a convencer. Don't bother trying, you're not going to convince me.

Si **te esforzaras** un poco más, lo conseguirías. You'd manage it if you made a little more effort.

establecer (to establish)

	PRESENT	PRESENT PERFECT
(yo)	establezco	he establecido
(tú)	estableces	has establecido
(él/ella/usted)	establece	ha establecido
(nosotros/as)	establecemos	hemos establecido
(vosotros/as)	establecéis	habéis establecido
(ellos/ellas/ ustedes)	establecen	han establecido

	PRETERITE	IMPERFECT
(yo)	establecí	establecía
(tú)	estableciste	establecías
(él/ella/usted)	estableció	establecía
(nosotros/as)	establecimos	establecíamos
(vosotros/as)	establecisteis	establecíais
(ellos/ellas/ ustedes)	establecieron	establecían

GERUND

estableciendo

PAST PARTICIPLE

establecido

EXAMPLE PHRASES

Lograron **establecer** contacto con el barco. They managed to make contact with the boat.

La ley **establece** que... The law states that...

Se ha establecido una buena relación entre los dos países. A good relationship has been established between the two countries.

En 1945, la familia **se estableció** en Lima. In 1945, the family settled in Lima.

Remember that subject pronouns are not used very often in Spanish.

establecer

	FUTURE	**CONDITIONAL**
(yo)	estableceré	establecería
(tú)	establecerás	establecerías
(él/ella/usted)	establecerá	establecería
(nosotros/as)	estableceremos	estableceríamos
(vosotros/as)	estableceréis	estableceríais
(ellos/ellas/ustedes)	establecerán	establecerían

	PRESENT SUBJUNCTIVE	**IMPERFECT SUBJUNCTIVE**
(yo)	establezca	estableciera *or* estableciese
(tú)	establezcas	establecieras *or* establecieses
(él/ella/usted)	establezca	estableciera *or* estableciese
(nosotros/as)	establezcamos	estableciéramos *or* estableciésemos
(vosotros/as)	establezcáis	establecierais *or* establecieseis
(ellos/ellas/ustedes)	establezcan	establecieran *or* estableciesen

IMPERATIVE

establece / estableced

Use the present subjunctive in all cases other than these tú and vosotros affirmative forms.

EXAMPLE PHRASES

El año que viene **se establecerá** por su cuenta. Next year she'll set up on her own.

estar (to be)

	PRESENT	**PRESENT PERFECT**
(yo)	estoy	he estado
(tú)	estás	has estado
(él/ella/usted)	está	ha estado
(nosotros/as)	estamos	hemos estado
(vosotros/as)	estáis	habéis estado
(ellos/ellas/ ustedes)	están	han estado

	PRETERITE	**IMPERFECT**
(yo)	estuve	estaba
(tú)	estuviste	estabas
(él/ella/usted)	estuvo	estaba
(nosotros/as)	estuvimos	estábamos
(vosotros/as)	estuvisteis	estabais
(ellos/ellas/ ustedes)	estuvieron	estaban

GERUND
estando

PAST PARTICIPLE
estado

EXAMPLE PHRASES

Estoy cansado. I'm tired.

¿Cómo **estás**? How are you?

¿No **había estado** nunca en París? He'd never been to Paris?

Estuvimos en casa de mis padres. We were at my parents'.

¿Dónde **estabas**? Where were you?

Remember that subject pronouns are not used very often in Spanish.

estar

	FUTURE	CONDITIONAL
(yo)	estaré	estaría
(tú)	estarás	estarías
(él/ella/usted)	estará	estaría
(nosotros/as)	estaremos	estaríamos
(vosotros/as)	estaréis	estaríais
(ellos/ellas/ustedes)	estarán	estarían

	PRESENT SUBJUNCTIVE	IMPERFECT SUBJUNCTIVE
(yo)	esté	estuviera *or* estuviese
(tú)	estés	estuvieras *or* estuvieses
(él/ella/usted)	esté	estuviera *or* estuviese
(nosotros/as)	estemos	estuviéramos *or* estuviésemos
(vosotros/as)	estéis	estuvierais *or* estuvieseis
(ellos/ellas/ustedes)	estén	estuvieran *or* estuviesen

IMPERATIVE

está / estad

Use the present subjunctive in all cases other than these tú *and* vosotros *affirmative forms.*

EXAMPLE PHRASES

¿A qué hora **estarás** en casa? What time will you be home?

Dijo que **estaría** aquí a las ocho. She said she'd be here at eight o'clock.

Avísame cuando **estés** lista. Let me know when you're ready.

¡**Estáte** quieto! Keep still!

Si **estuviera** enfermo, habría llamado. If he were sick, he would have called.

Remember that subject pronouns are not used very often in Spanish.

evacuar (to evacuate)

	PRESENT		PRESENT PERFECT
(yo)	evacuo		he evacuado
(tú)	evacuas		has evacuado
(él/ella/usted)	evacua		ha evacuado
(nosotros/as)	evacuamos		hemos evacuado
(vosotros/as)	evacuáis		habéis evacuado
(ellos/ellas/ ustedes)	evacuan		han evacuado

	PRETERITE		IMPERFECT
(yo)	evacué		evacuaba
(tú)	evacuaste		evacuabas
(él/ella/usted)	evacuó		evacuaba
(nosotros/as)	evacuamos		evacuábamos
(vosotros/as)	evacuasteis		evacuabais
(ellos/ellas/ ustedes)	evacuaron		evacuaban

GERUND

evacuando

PAST PARTICIPLE

evacuado

EXAMPLE PHRASES

Van a **evacuar** a los heridos. They're going to evacuate the injured.

Han evacuado la zona. The area has been evacuated.

evacuar

	FUTURE	**CONDITIONAL**
(yo)	evacuaré	evacuaría
(tú)	evacuarás	evacuarías
(él/ella/usted)	evacuará	evacuaría
(nosotros/as)	evacuaremos	evacuaríamos
(vosotros/as)	evacuaréis	evacuaríais
(ellos/ellas/ ustedes)	evacuarán	evacuarían

	PRESENT SUBJUNCTIVE	**IMPERFECT SUBJUNCTIVE**
(yo)	evacue	evacuara *or* evacuase
(tú)	evacues	evacuaras *or* evacuases
(él/ella/usted)	evacue	evacuara *or* evacuase
(nosotros/as)	evacuemos	evacuáramos *or* evacuásemos
(vosotros/as)	evacuéis	evacuarais *or* evacuaseis
(ellos/ellas/ ustedes)	evacuen	evacuaran *or* evacuasen

IMPERATIVE

evacua / evacuad

Use the present subjunctive in all cases other than these tú and vosotros affirmative forms.

EXAMPLE PHRASES

Seguirá existiendo peligro mientras no **evacuen** el edificio. The danger won't be over until the building has been evacuated.

forzar (to force)

	PRESENT		PRESENT PERFECT
(yo)	fuerzo		he forzado
(tú)	fuerzas		has forzado
(él/ella/usted)	fuerza		ha forzado
(nosotros/as)	forzamos		hemos forzado
(vosotros/as)	forzáis		habéis forzado
(ellos/ellas/ ustedes)	fuerzan		han forzado

	PRETERITE		IMPERFECT
(yo)	forcé		forzaba
(tú)	forzaste		forzabas
(él/ella/usted)	forzó		forzaba
(nosotros/as)	forzamos		forzábamos
(vosotros/as)	forzasteis		forzabais
(ellos/ellas/ ustedes)	forzaron		forzaban

GERUND
forzando

PAST PARTICIPLE
forzado

EXAMPLE PHRASES

Nos **forzaron** a hacerlo. They forced us to do it.

Habían forzado la puerta de entrada. They had forced the front door.

Los **forzaban** a trabajar largas horas. They would force them to work long hours.

Remember that subject pronouns are not used very often in Spanish.

forzar

	FUTURE	**CONDITIONAL**
(yo)	forzaré	forzaría
(tú)	forzarás	forzarías
(él/ella/usted)	forzará	forzaría
(nosotros/as)	forzaremos	forzaríamos
(vosotros/as)	forzaréis	forzaríais
(ellos/ellas/ ustedes)	forzarán	forzarían

	PRESENT SUBJUNCTIVE	**IMPERFECT SUBJUNCTIVE**
(yo)	fuerce	forzara *or* forzase
(tú)	fuerces	forzaras *or* forzases
(él/ella/usted)	fuerce	forzara *or* forzase
(nosotros/as)	forcemos	forzáramos *or* forzásemos
(vosotros/as)	forcéis	forzarais *or* forzaseis
(ellos/ellas/ ustedes)	fuercen	forzaran *or* forzasen

IMPERATIVE

fuerza/forzad

Use the present subjunctive in all cases other than these tú *and* vosotros *affirmative forms.*

EXAMPLE PHRASES

No te **forzaremos** a ir. We won't force you to go.

No **fuerces** la cerradura. Don't force the lock.

Lo hizo sin que nadie lo **forzara**. He did it without anybody forcing him to.

freír (to fry)

	PRESENT		PRESENT PERFECT
(yo)	frío		he frito
(tú)	fríes		has frito
(él/ella/usted)	fríe		ha frito
(nosotros/as)	freímos		hemos frito
(vosotros/as)	freís		habéis frito
(ellos/ellas/ ustedes)	fríen		han frito

	PRETERITE		IMPERFECT
(yo)	freí		freía
(tú)	freíste		freías
(él/ella/usted)	frio		freía
(nosotros/as)	freímos		freíamos
(vosotros/as)	freísteis		freíais
(ellos/ellas/ ustedes)	frieron		freían

GERUND

friendo

PAST PARTICIPLE

frito

EXAMPLE PHRASES

No sabe ni **freír** un huevo. He can't even fry an egg.

Había frito el pescado. He had fried the fish.

Se está friendo demasiado por ese lado. It's getting overdone on that side.

Lo **frio** en mantequilla. She fried it in butter.

Nos **freíamos** de calor. We were roasting in the heat.

Remember that subject pronouns are not used very often in Spanish.

freír

	FUTURE	**CONDITIONAL**
(yo)	freiré	freiría
(tú)	freirás	freirías
(él/ella/usted)	freirá	freiría
(nosotros/as)	freiremos	freiríamos
(vosotros/as)	freiréis	freiríais
(ellos/ellas/ustedes)	freirán	freirían

	PRESENT SUBJUNCTIVE	**IMPERFECT SUBJUNCTIVE**
(yo)	fría	friera or friese
(tú)	frías	frieras or frieses
(él/ella/usted)	fría	friera or friese
(nosotros/as)	friamos	friéramos or friésemos
(vosotros/as)	friais	frierais or frieseis
(ellos/ellas/ustedes)	frían	frieran or friesen

IMPERATIVE

fríe / freíd

Use the present subjunctive in all cases other than these tú and vosotros affirmative forms.

EXAMPLE PHRASES

Fríelo en aceite de oliva. Fry it in olive oil.

Me dijo que **friera** la cebolla. She told me to fry the onion.

Remember that subject pronouns are not used very often in Spanish.

gruñir (to grumble; to growl)

	PRESENT	PRESENT PERFECT
(yo)	gruño	he gruñido
(tú)	gruñes	has gruñido
(él/ella/usted)	gruñe	ha gruñido
(nosotros/as)	gruñimos	hemos gruñido
(vosotros/as)	gruñís	habéis gruñido
(ellos/ellas/ ustedes)	gruñen	han gruñido

	PRETERITE	IMPERFECT
(yo)	gruñí	gruñía
(tú)	gruñiste	gruñías
(él/ella/usted)	gruñó	gruñía
(nosotros/as)	gruñimos	gruñíamos
(vosotros/as)	gruñisteis	gruñíais
(ellos/ellas/ ustedes)	gruñeron	gruñían

GERUND
gruñendo

PAST PARTICIPLE
gruñido

EXAMPLE PHRASES

¿A quién le **gruñe** el perro? Who's the dog growling at?

Siempre **está gruñendo**. He's always grumbling.

El oso nos **gruñía** sin parar. The bear kept growling at us.

Remember that subject pronouns are not used very often in Spanish.

gruñir

	FUTURE	CONDITIONAL
(yo)	gruñiré	gruñiría
(tú)	gruñirás	gruñirías
(él/ella/usted)	gruñirá	gruñiría
(nosotros/as)	gruñiremos	gruñiríamos
(vosotros/as)	gruñiréis	gruñiríais
(ellos/ellas/ ustedes)	gruñirán	gruñirían

	PRESENT SUBJUNCTIVE	IMPERFECT SUBJUNCTIVE
(yo)	gruña	gruñera or gruñese
(tú)	gruñas	gruñeras or gruñeses
(él/ella/usted)	gruña	gruñera or gruñese
(nosotros/as)	gruñamos	gruñéramos or gruñésemos
(vosotros/as)	gruñáis	gruñerais or gruñeseis
(ellos/ellas/ ustedes)	gruñan	gruñeran or gruñesen

IMPERATIVE
gruñe / gruñid

Use the present subjunctive in all cases other than these tú and vosotros affirmative forms.

EXAMPLE PHRASES
¡No **gruñas** tanto! Don't grumble so much.

guiar (to guide)

	PRESENT	PRESENT PERFECT
(yo)	guío	he guiado
(tú)	guías	has guiado
(él/ella/usted)	guía	ha guiado
(nosotros/as)	guiamos	hemos guiado
(vosotros/as)	guiais	habéis guiado
(ellos/ellas/ustedes)	guían	han guiado

	PRETERITE	IMPERFECT
(yo)	guie	guiaba
(tú)	guiaste	guiabas
(él/ella/usted)	guio	guiaba
(nosotros/as)	guiamos	guiábamos
(vosotros/as)	guiasteis	guiabais
(ellos/ellas/ustedes)	guiaron	guiaban

GERUND
guiando

PAST PARTICIPLE
guiado

EXAMPLE PHRASES

Los perros **se guían** por su olfato. Dogs follow their sense of smell.

Me **guié** por el instinto. I followed my instinct.

Nos guiamos por un mapa que teníamos. We found our way using a map we had.

Siempre me protegía y me **guiaba**. He always protected me and guided me.

Remember that subject pronouns are not used very often in Spanish.

guiar

	FUTURE	**CONDITIONAL**
(yo)	guiaré	guiaría
(tú)	guiarás	guiarías
(él/ella/usted)	guiará	guiaría
(nosotros/as)	guiaremos	guiaríamos
(vosotros/as)	guiaréis	guiaríais
(ellos/ellas/ ustedes)	guiarán	guiarían

	PRESENT SUBJUNCTIVE	**IMPERFECT SUBJUNCTIVE**
(yo)	guíe	guiara *or* guiase
(tú)	guíes	guiaras *or* guiases
(él/ella/usted)	guíe	guiara *or* guiase
(nosotros/as)	guiemos	guiáramos *or* guiásemos
(vosotros/as)	guieis	guiarais *or* guiaseis
(ellos/ellas/ ustedes)	guíen	guiaran *or* guiasen

IMPERATIVE

guía / guiad

Use the present subjunctive in all cases other than these tú and vosotros affirmative forms.

EXAMPLE PHRASES

Los **guiaré** hasta allí. I'll take you there.

Guíate por la razón. Use reason as your guide.

Remember that subject pronouns are not used very often in Spanish.

haber (to have – *auxiliary*)

	PRESENT	PRESENT PERFECT
(yo)	he	*not used except impersonally*
(tú)	has	*See* hay
(él/ella/usted)	ha	
(nosotros/as)	hemos	
(vosotros/as)	habéis	
(ellos/ellas/ ustedes)	han	

	PRETERITE	IMPERFECT
(yo)	hube	había
(tú)	hubiste	habías
(él/ella/usted)	hubo	había
(nosotros/as)	hubimos	habíamos
(vosotros/as)	hubisteis	habíais
(ellos/ellas/ ustedes)	hubieron	habían

GERUND

habiendo

PAST PARTICIPLE

habido

EXAMPLE PHRASES

De **haber**lo sabido, **habría** ido. If I'd known, I would have gone.

¿**Has** visto eso? Did you see that?

Eso nunca **había** pasado antes. That had never happened before.

Remember that subject pronouns are not used very often in Spanish.

haber

	FUTURE	CONDITIONAL
(yo)	habré	habría
(tú)	habrás	habrías
(él/ella/usted)	habrá	habría
(nosotros/as)	habremos	habríamos
(vosotros/as)	habréis	habríais
(ellos/ellas/ustedes)	habrán	habrían

	PRESENT SUBJUNCTIVE	IMPERFECT SUBJUNCTIVE
(yo)	haya	hubiera or hubiese
(tú)	hayas	hubieras or hubieses
(él/ella/usted)	haya	hubiera or hubiese
(nosotros/as)	hayamos	hubiéramos or hubiésemos
(vosotros/as)	hayáis	hubierais or hubieseis
(ellos/ellas/ustedes)	hayan	hubieran or hubiesen

IMPERATIVE

not used

EXAMPLE PHRASES

Como se **hayan** olvidado, los mato. I'll kill them if they've forgotten.

Si me lo **hubieras** dicho, te lo **habría** traído. I'd have brought it, if you'd told me.

Para esa hora ya **habremos** terminado. We'll have finished by that time.

Lo **habrías** logrado si **hubieras** intentado. You'd have succeeded if you'd tried.

Remember that subject pronouns are not used very often in Spanish.

hablar (to speak; to talk)

	PRESENT		PRESENT PERFECT
(yo)	hablo		he hablado
(tú)	hablas		has hablado
(él/ella/usted)	habla		ha hablado
(nosotros/as)	hablamos		hemos hablado
(vosotros/as)	habláis		habéis hablado
(ellos/ellas/ ustedes)	hablan		han hablado

	PRETERITE		IMPERFECT
(yo)	hablé		hablaba
(tú)	hablaste		hablabas
(él/ella/usted)	habló		hablaba
(nosotros/as)	hablamos		hablábamos
(vosotros/as)	hablasteis		hablabais
(ellos/ellas/ ustedes)	hablaron		hablaban

GERUND

hablando

PAST PARTICIPLE

hablado

EXAMPLE PHRASES

María no **habla** inglés. María doesn't speak English.

No **nos hablamos** desde hace tiempo. We haven't spoken to each other for a long time.

Está **hablando** por teléfono. He's on the phone.

Hoy **hablé** con mi hermana. I spoke to my sister today.

Hablaba rapidísimo. He spoke really fast.

Remember that subject pronouns are not used very often in Spanish.

hablar

	FUTURE	CONDITIONAL
(yo)	hablaré	hablaría
(tú)	hablarás	hablarías
(él/ella/usted)	hablará	hablaría
(nosotros/as)	hablaremos	hablaríamos
(vosotros/as)	hablaréis	hablaríais
(ellos/ellas/ustedes)	hablarán	hablarían

	PRESENT SUBJUNCTIVE	IMPERFECT SUBJUNCTIVE
(yo)	hable	hablara or hablase
(tú)	hables	hablaras or hablases
(él/ella/usted)	hable	hablara or hablase
(nosotros/as)	hablemos	habláramos or hablásemos
(vosotros/as)	habléis	hablarais or hablaseis
(ellos/ellas/ustedes)	hablen	hablaran or hablasen

IMPERATIVE

habla / hablad

Use the present subjunctive in all cases other than these tú and vosotros affirmative forms.

EXAMPLE PHRASES

Luego **hablaremos** de ese tema. We'll talk about that later.

Recuérdame que **hable** con Daniel. Remind me to speak to Daniel.

¿Quieres que **hablemos**? Shall we talk?

Hay que darles una oportunidad para que **hablen**. We need to give them an opportunity to speak.

Remember that subject pronouns are not used very often in Spanish.

hacer (to do; to make)

	PRESENT	PRESENT PERFECT
(yo)	hago	he hecho
(tú)	haces	has hecho
(él/ella/usted)	hace	ha hecho
(nosotros/as)	hacemos	hemos hecho
(vosotros/as)	hacéis	habéis hecho
(ellos/ellas/ustedes)	hacen	han hecho

	PRETERITE	IMPERFECT
(yo)	hice	hacía
(tú)	hiciste	hacías
(él/ella/usted)	hizo	hacía
(nosotros/as)	hicimos	hacíamos
(vosotros/as)	hicisteis	hacíais
(ellos/ellas/ustedes)	hicieron	hacían

GERUND

haciendo

PAST PARTICIPLE

hecho

EXAMPLE PHRASES

¿Qué **hace** tu padre? What does your father do?

Están haciendo mucho ruido. They're making a lot of noise.

¿Quién **hizo** eso? Who did that?

Hicieron pintar la fachada del colegio. They had the front of the school painted.

Lo **hacía** para molestarme. He was doing it to annoy me.

Remember that subject pronouns are not used very often in Spanish.

hacer

	FUTURE	**CONDITIONAL**
(yo)	haré	haría
(tú)	harás	harías
(él/ella/usted)	hará	haría
(nosotros/as)	haremos	haríamos
(vosotros/as)	haréis	haríais
(ellos/ellas/ustedes)	harán	harían

	PRESENT SUBJUNCTIVE	**IMPERFECT SUBJUNCTIVE**
(yo)	haga	hiciera *or* hiciese
(tú)	hagas	hicieras *or* hicieses
(él/ella/usted)	haga	hiciera *or* hiciese
(nosotros/as)	hagamos	hiciéramos *or* hiciésemos
(vosotros/as)	hagáis	hicierais *or* hicieseis
(ellos/ellas/ustedes)	hagan	hicieran *or* hiciesen

IMPERATIVE

haz / haced

Use the present subjunctive in all cases other than these tú and vosotros affirmative forms.

EXAMPLE PHRASES

Lo **haré** yo mismo. I'll do it myself.

Dijiste que lo **harías**. You said you'd do it.

¿Quieres que **haga** las camas? Do you want me to make the beds?

Preferiría que **hiciera** menos calor. I wish it wasn't so hot.

Hazlo como te dije. Do it the way I told you.

Remember that subject pronouns are not used very often in Spanish.

hay (there is; there are)

PRESENT
hay

PRESENT PERFECT
ha habido

PRETERITE
hubo

IMPERFECT
había

GERUND
habiendo

PAST PARTICIPLE
habido

EXAMPLE PHRASES

Esta tarde va a **haber** una manifestación. There's going to be a demonstration this evening.

Hay una iglesia en la esquina. There's a church on the corner.

Ha habido muchos problemas. There have been a lot of problems.

Hubo una guerra. There was a war.

Había mucha gente. There were a lot of people.

Remember that subject pronouns are not used very often in Spanish.

hay

FUTURE
habrá

CONDITIONAL
habría

PRESENT SUBJUNCTIVE
haya

IMPERFECT SUBJUNCTIVE
hubiera *or* hubiese

IMPERATIVE
not used

EXAMPLE PHRASES

Habrá que repasarlo. We'll have to check it.

Habría que limpiarlo. We should clean it.

No creo que **haya** mucha gente en el recital. I don't think there'll be many people at the concert.

Si **hubiera** más espacio, pondría un sofá. I'd have a sofa if there was more room.

Remember that subject pronouns are not used very often in Spanish.

herir (to injure)

	PRESENT		PRESENT PERFECT
(yo)	hiero		he herido
(tú)	hieres		has herido
(él/ella/usted)	hiere		ha herido
(nosotros/as)	herimos		hemos herido
(vosotros/as)	herís		habéis herido
(ellos/ellas/ ustedes)	hieren		han herido

	PRETERITE		IMPERFECT
(yo)	herí		hería
(tú)	heriste		herías
(él/ella/usted)	hirió		hería
(nosotros/as)	herimos		heríamos
(vosotros/as)	heristeis		heríais
(ellos/ellas/ ustedes)	hirieron		herían

GERUND

hiriendo

PAST PARTICIPLE

herido

EXAMPLE PHRASES

Vas a **herir** sus sentimientos. **You're going to hurt her feelings.**

Me **hiere** que me digas eso. **I'm hurt that you should say such a thing.**

Lo **hirieron** en el pecho. **He was wounded in the chest.**

Su actitud la **hería** en lo más hondo. **She was deeply hurt by his attitude.**

Remember that subject pronouns are not used very often in Spanish.

herir

	FUTURE	CONDITIONAL
(yo)	heriré	heriría
(tú)	herirás	herirías
(él/ella/usted)	herirá	heriría
(nosotros/as)	heriremos	heriríamos
(vosotros/as)	heriréis	heriríais
(ellos/ellas/ ustedes)	herirán	herirían

	PRESENT SUBJUNCTIVE	IMPERFECT SUBJUNCTIVE
(yo)	hiera	hiriera or hiriese
(tú)	hieras	hirieras or hirieses
(él/ella/usted)	hiera	hiriera or hiriese
(nosotros/as)	hiramos	hiriéramos or hiriésemos
(vosotros/as)	hiráis	hirierais or hirieseis
(ellos/ellas/ ustedes)	hieran	hirieran or hiriesen

IMPERATIVE

hiere / herid

Use the present subjunctive in all cases other than these tú and vosotros affirmative forms.

EXAMPLE PHRASES

Mi madre siempre tenía miedo que nos **hiriéramos**. My mom was always scared we'd hurt ourselves.

Remember that subject pronouns are not used very often in Spanish.

huir (to escape; to run away; to flee)

	PRESENT	PRESENT PERFECT
(yo)	huyo	he huido
(tú)	huyes	has huido
(él/ella/usted)	huye	ha huido
(nosotros/as)	huimos	hemos huido
(vosotros/as)	huis	habéis huido
(ellos/ellas/ ustedes)	huyen	han huido

	PRETERITE	IMPERFECT
(yo)	hui	huía
(tú)	huiste	huías
(él/ella/usted)	huyó	huía
(nosotros/as)	huimos	huíamos
(vosotros/as)	huisteis	huíais
(ellos/ellas/ ustedes)	huyeron	huían

GERUND
huyendo

PAST PARTICIPLE
huido

EXAMPLE PHRASES

Salió **huyendo**. He ran away.

Huyeron del país. They fled the country.

Remember that subject pronouns are not used very often in Spanish.

huir

	FUTURE	CONDITIONAL
(yo)	huiré	huiría
(tú)	huirás	huirías
(él/ella/usted)	huirá	huiría
(nosotros/as)	huiremos	huiríamos
(vosotros/as)	huiréis	huiríais
(ellos/ellas/ ustedes)	huirán	huirían

	PRESENT SUBJUNCTIVE	IMPERFECT SUBJUNCTIVE
(yo)	huya	huyera or huyese
(tú)	huyas	huyeras or huyeses
(él/ella/usted)	huya	huyera or huyese
(nosotros/as)	huyamos	huyéramos or huyésemos
(vosotros/as)	huyáis	huyerais or huyeseis
(ellos/ellas/ ustedes)	huyan	huyeran or huyesen

IMPERATIVE

huye / huid

Use the present subjunctive in all cases other than these tú and vosotros affirmative forms.

EXAMPLE PHRASES

No quiero que **huyas** como un cobarde. I don't want you to run away like a coward.

¡**Huye**! Si te atrapan, te matarán. Run! If they catch you, they'll kill you.

Remember that subject pronouns are not used very often in Spanish.

imponer (to impose)

	PRESENT		PRESENT PERFECT
(yo)	impongo		he impuesto
(tú)	impones		has impuesto
(él/ella/usted)	impone		ha impuesto
(nosotros/as)	imponemos		hemos impuesto
(vosotros/as)	imponéis		habéis impuesto
(ellos/ellas/ustedes)	imponen		han impuesto

	PRETERITE		IMPERFECT
(yo)	impuse		imponía
(tú)	impusiste		imponías
(él/ella/usted)	impuso		imponía
(nosotros/as)	impusimos		imponíamos
(vosotros/as)	impusisteis		imponíais
(ellos/ellas/ustedes)	impusieron		imponían

GERUND

imponiendo

PAST PARTICIPLE

impuesto

EXAMPLE PHRASES

La minifalda **se está imponiendo** de nuevo. The miniskirt is coming back into fashion.

Habían impuesto la enseñanza religiosa. They had made religious education compulsory.

El corredor nigeriano **se impuso** en la segunda carrera. The Nigerian runner triumphed in the second race.

Mi abuelo **imponía** mucho respeto. My grandfather commanded a lot of respect.

Remember that subject pronouns are not used very often in Spanish.

imponer

	FUTURE	**CONDITIONAL**
(yo)	impondré	impondría
(tú)	impondrás	impondrías
(él/ella/usted)	impondrá	impondría
(nosotros/as)	impondremos	impondríamos
(vosotros/as)	impondréis	impondríais
(ellos/ellas/ ustedes)	impondrán	impondrían

	PRESENT SUBJUNCTIVE	**IMPERFECT SUBJUNCTIVE**
(yo)	imponga	impusiera or impusiese
(tú)	impongas	impusieras or impusieses
(él/ella/usted)	imponga	impusiera or impusiese
(nosotros/as)	impongamos	impusiéramos or impusiésemos
(vosotros/as)	impongáis	impusierais or impusieseis
(ellos/ellas/ ustedes)	impongan	impusieran or impusiesen

IMPERATIVE
impón / imponed

Use the present subjunctive in all cases other than these tú and vosotros affirmative forms.

EXAMPLE PHRASES
Impondrán cuantiosas multas. They'll impose heavy fines.

imprimir (to print)

	PRESENT		PRESENT PERFECT
(yo)	imprimo		he imprimido
(tú)	imprimes		has imprimido
(él/ella/usted)	imprime		ha imprimido
(nosotros/as)	imprimimos		hemos imprimido
(vosotros/as)	imprimís		habéis imprimido
(ellos/ellas/ ustedes)	imprimen		han imprimido

	PRETERITE	IMPERFECT
(yo)	imprimí	imprimía
(tú)	imprimiste	imprimías
(él/ella/usted)	imprimió	imprimía
(nosotros/as)	imprimimos	imprimíamos
(vosotros/as)	imprimisteis	imprimíais
(ellos/ellas/ ustedes)	imprimieron	imprimían

GERUND
imprimiendo

PAST PARTICIPLE
imprimido, impreso

EXAMPLE PHRASES

¿Puedes **imprimir** el documento? Can you print the document?

Se imprimieron sólo doce copias del libro. Only twelve copies of the book were printed.

Una experiencia así **imprime** carácter. An experience like that is character-building.

Remember that subject pronouns are not used very often in Spanish.

imprimir

	FUTURE	CONDITIONAL
(yo)	imprimiré	imprimiría
(tú)	imprimirás	imprimirías
(él/ella/usted)	imprimirá	imprimiría
(nosotros/as)	imprimiremos	imprimiríamos
(vosotros/as)	imprimiréis	imprimiríais
(ellos/ellas/ ustedes)	imprimirán	imprimirían

	PRESENT SUBJUNCTIVE	IMPERFECT SUBJUNCTIVE
(yo)	imprima	imprimiera *or* imprimiese
(tú)	imprimas	imprimieras *or* imprimieses
(él/ella/usted)	imprima	imprimiera *or* imprimiese
(nosotros/as)	imprimamos	imprimiéramos *or* imprimiésemos
(vosotros/as)	imprimáis	imprimierais *or* imprimieseis
(ellos/ellas/ ustedes)	impriman	imprimieran *or* imprimiesen

IMPERATIVE
imprime / imprimid

Use the present subjunctive in all cases other than these tú and vosotros affirmative forms.

EXAMPLE PHRASE
Imprímelo en blanco y negro. Print it in black and white.

Remember that subject pronouns are not used very often in Spanish.

ir (to go)

	PRESENT		PRESENT PERFECT
(yo)	voy		he ido
(tú)	vas		has ido
(él/ella/usted)	va		ha ido
(nosotros/as)	vamos		hemos ido
(vosotros/as)	vais		habéis ido
(ellos/ellas/ ustedes)	van		han ido

	PRETERITE		IMPERFECT
(yo)	fui		iba
(tú)	fuiste		ibas
(él/ella/usted)	fue		iba
(nosotros/as)	fuimos		íbamos
(vosotros/as)	fuisteis		ibais
(ellos/ellas/ ustedes)	fueron		iban

GERUND	PAST PARTICIPLE
yendo	ido

EXAMPLE PHRASES

¿Puedo **ir** contigo? Can I come with you?

Estoy yendo a clases de natación. I'm taking swimming classes.

Había ido a comprar el pan. She'd gone to buy the bread.

Anoche **fuimos** al cine. We went to the movies last night.

Remember that subject pronouns are not used very often in Spanish.

ir

	FUTURE	CONDITIONAL
(yo)	iré	iría
(tú)	irás	irías
(él/ella/usted)	irá	iría
(nosotros/as)	iremos	iríamos
(vosotros/as)	iréis	iríais
(ellos/ellas/ ustedes)	irán	irían

	PRESENT SUBJUNCTIVE	IMPERFECT SUBJUNCTIVE
(yo)	vaya	fuera or fuese
(tú)	vayas	fueras or fueses
(él/ella/usted)	vaya	fuera or fuese
(nosotros/as)	vayamos	fuéramos or fuésemos
(vosotros/as)	vayáis	fuerais or fueseis
(ellos/ellas/ ustedes)	vayan	fueran or fuesen

IMPERATIVE

ve / id

Use the present subjunctive in most cases other than these tú and vosotros affirmative forms.
However, in the 'let's' affirmative form, vamos is more common than vayamos.

EXAMPLE PHRASES

El domingo **iré** a verla. I'll go to see her on Sunday.

Dijeron que **irían** en tren. They said they'd go by train.

¡Que te **vaya** bien! Take care of yourself!

Quería pedirte que **fueras** en mi lugar. I wanted to ask you if you'd go instead of me.

No **te vayas** sin despedirte. Don't go without saying goodbye.

Remember that subject pronouns are not used very often in Spanish.

jugar (to play)

	PRESENT		PRESENT PERFECT
(yo)	juego		he jugado
(tú)	juegas		has jugado
(él/ella/usted)	juega		ha jugado
(nosotros/as)	jugamos		hemos jugado
(vosotros/as)	jugáis		habéis jugado
(ellos/ellas/ ustedes)	juegan		han jugado

	PRETERITE	IMPERFECT
(yo)	jugué	jugaba
(tú)	jugaste	jugabas
(él/ella/usted)	jugó	jugaba
(nosotros/as)	jugamos	jugábamos
(vosotros/as)	jugasteis	jugabais
(ellos/ellas/ ustedes)	jugaron	jugaban

GERUND

jugando

PAST PARTICIPLE

jugado

EXAMPLE PHRASES

Juego futbol todos los domingos. I play soccer every Sunday.

Están jugando en el jardín. They're playing in the yard.

Le **jugaron** una mala pasada. They played a dirty trick on him.

Se jugaba la vida continuamente. She was constantly risking her life.

Remember that subject pronouns are not used very often in Spanish.

jugar

	FUTURE	CONDITIONAL
(yo)	jugaré	jugaría
(tú)	jugarás	jugarías
(él/ella/usted)	jugará	jugaría
(nosotros/as)	jugaremos	jugaríamos
(vosotros/as)	jugaréis	jugaríais
(ellos/ellas/ ustedes)	jugarán	jugarían

	PRESENT SUBJUNCTIVE	IMPERFECT SUBJUNCTIVE
(yo)	juegue	jugara or jugase
(tú)	juegues	jugaras or jugases
(él/ella/usted)	juegue	jugara or jugase
(nosotros/as)	juguemos	jugáramos or jugásemos
(vosotros/as)	juguéis	jugarais or jugaseis
(ellos/ellas/ ustedes)	jueguen	jugaran or jugasen

IMPERATIVE
juega / jugad

Use the present subjunctive in all cases other than these tú and vosotros affirmative forms.

EXAMPLE PHRASES

Ambos partidos se **jugarán** el domingo. Both games will be played on Sunday.

Jugarías mejor si estuvieras más relajado. You'd play better if you were more relaxed.

No **juegues** con tu salud. Don't take risks with your health.

El médico le aconsejó que **jugara** más y leyera menos. The doctor advised him to play more and read less.

Remember that subject pronouns are not used very often in Spanish.

leer (to read)

	PRESENT		PRESENT PERFECT
(yo)	leo		he leído
(tú)	lees		has leído
(él/ella/usted)	lee		ha leído
(nosotros/as)	leemos		hemos leído
(vosotros/as)	leéis		habéis leído
(ellos/ellas/ustedes)	leen		han leído

	PRETERITE		IMPERFECT
(yo)	leí		leía
(tú)	leíste		leías
(él/ella/usted)	leyó		leía
(nosotros/as)	leímos		leíamos
(vosotros/as)	leísteis		leíais
(ellos/ellas/ustedes)	leyeron		leían

GERUND

leyendo

PAST PARTICIPLE

leído

EXAMPLE PHRASES

Hace mucho tiempo que no **leo** nada. I haven't read anything for ages.

Estoy leyendo un libro muy interesante. I'm reading a very interesting book.

No **había leído** nada suyo. I hadn't read anything by her.

Lo **leí** hace tiempo. I read it a while ago.

Antes **leía** mucho más. I used to read a lot more before.

Remember that subject pronouns are not used very often in Spanish.

leer

	FUTURE	CONDITIONAL
(yo)	leeré	leería
(tú)	leerás	leerías
(él/ella/usted)	leerá	leería
(nosotros/as)	leeremos	leeríamos
(vosotros/as)	leeréis	leeríais
(ellos/ellas/ ustedes)	leerán	leerían

	PRESENT SUBJUNCTIVE	IMPERFECT SUBJUNCTIVE
(yo)	lea	leyera or leyese
(tú)	leas	leyeras or leyeses
(él/ella/usted)	lea	leyera or leyese
(nosotros/as)	leamos	leyéramos or leyésemos
(vosotros/as)	leáis	leyerais or leyeseis
(ellos/ellas/ ustedes)	lean	leyeran or leyesen

IMPERATIVE

lee / leed

Use the present subjunctive in all cases other than these tú and vosotros affirmative forms.

EXAMPLE PHRASES

Si se portan bien, les **leeré** un cuento. If you behave yourselves, I'll read you
   a story.

Yo **leería** también la letra pequeña. I'd read the fine print as well.

Quiero que lo **leas** y me digas qué piensas. I want you to read it and tell me
   what you think.

No **leas** tan rápido. Don't read so fast.

Remember that subject pronouns are not used very often in Spanish.

levantar (to lift; to raise; to pick up)

	PRESENT	PRESENT PERFECT
(yo)	levanto	he levantado
(tú)	levantas	has levantado
(él/ella/usted)	levanta	ha levantado
(nosotros/as)	levantamos	hemos levantado
(vosotros/as)	levantáis	habéis levantado
(ellos/ellas/ustedes)	levantan	han levantado

	PRETERITE	IMPERFECT
(yo)	levanté	levantaba
(tú)	levantaste	levantabas
(él/ella/usted)	levantó	levantaba
(nosotros/as)	levantamos	levantábamos
(vosotros/as)	levantasteis	levantabais
(ellos/ellas/ustedes)	levantaron	levantaban

GERUND
levantando

PAST PARTICIPLE
levantado

EXAMPLE PHRASES

Fue la primera en **levantar** la mano. She was the first to raise her hand.

Siempre **se levanta** de mal humor. He's always in a bad mood when he gets up.

Hoy **me levanté** temprano. I got up early this morning.

Levantó la maleta como si no pesara nada. He lifted up the suitcase as if it weighed nothing.

Me levanté y seguí caminando. I got up and continued walking.

Remember that subject pronouns are not used very often in Spanish.

levantar

	FUTURE	CONDITIONAL
(yo)	levantaré	levantaría
(tú)	levantarás	levantarías
(él/ella/usted)	levantará	levantaría
(nosotros/as)	levantaremos	levantaríamos
(vosotros/as)	levantaréis	levantaríais
(ellos/ellas/ ustedes)	levantarán	levantarían

	PRESENT SUBJUNCTIVE	IMPERFECT SUBJUNCTIVE
(yo)	levante	levantara or levantase
(tú)	levantes	levantaras or levantases
(él/ella/usted)	levante	levantara or levantase
(nosotros/as)	levantemos	levantáramos or levantásemos
(vosotros/as)	levantéis	levantarais or levantaseis
(ellos/ellas/ ustedes)	levanten	levantaran or levantasen

IMPERATIVE

levanta / levantad

Use the present subjunctive in all cases other than these tú and vosotros affirmative forms.

EXAMPLE PHRASES

La noticia le **levantará** el ánimo. This news will raise her spirits.

Si pudiera **me levantaría** siempre tarde. I'd sleep in every day, if I could.

No me **levantes** la voz. Don't raise your voice to me.

Levanta la tapa. Lift the lid.

Levanten la mano si tienen alguna duda. Raise your hands if you are unclear about anything.

Remember that subject pronouns are not used very often in Spanish.

llover (to rain)

PRESENT
llueve

PRESENT PERFECT
ha llovido

PRETERITE
llovió

IMPERFECT
llovía

GERUND
lloviendo

PAST PARTICIPLE
llovido

EXAMPLE PHRASES

Hace semanas que no **llueve**. It hasn't rained in weeks.

Está **lloviendo**. It's raining.

Le **llovieron** las ofertas. He received a lot of offers.

Llovió sin parar. It rained nonstop.

Llovía a cántaros. It was pouring rain.

Remember that subject pronouns are not used very often in Spanish.

llover

FUTURE
lloverá

CONDITIONAL
llovería

PRESENT SUBJUNCTIVE
llueva

IMPERFECT SUBJUNCTIVE
lloviera *or* lloviese

IMPERATIVE
not used

EXAMPLE PHRASES

Sabía que le **lloverían** las críticas. She knew she would come in for a lot of
⸱criticism.

Espero que no **llueva** este fin de semana. I hope it won't rain this weekend.

Si no **lloviera**, podríamos salir a dar una vuelta. We could go for a walk if it
didn't rain.

Remember that subject pronouns are not used very often in Spanish.

lucir (to look; to shine; to show off)

	PRESENT	PRESENT PERFECT
(yo)	luzco	he lucido
(tú)	luces	has lucido
(él/ella/usted)	luce	ha lucido
(nosotros/as)	lucimos	hemos lucido
(vosotros/as)	lucís	habéis lucido
(ellos/ellas/ ustedes)	lucen	han lucido

	PRETERITE	IMPERFECT
(yo)	lucí	lucía
(tú)	luciste	lucías
(él/ella/usted)	lució	lucía
(nosotros/as)	lucimos	lucíamos
(vosotros/as)	lucisteis	lucíais
(ellos/ellas/ ustedes)	lucieron	lucían

GERUND
luciendo

PAST PARTICIPLE
lucido

EXAMPLE PHRASES

Luces muy bien. You look very well.

Quería **lucir** sus conocimientos. He wanted to show off his knowledge.

Te luciste con la comida. You've outdone yourself with the meal.

Remember that subject pronouns are not used very often in Spanish.

lucir

	FUTURE	CONDITIONAL
(yo)	luciré	luciría
(tú)	lucirás	lucirías
(él/ella/usted)	lucirá	luciría
(nosotros/as)	luciremos	luciríamos
(vosotros/as)	luciréis	luciríais
(ellos/ellas/ ustedes)	lucirán	lucirían

	PRESENT SUBJUNCTIVE	IMPERFECT SUBJUNCTIVE
(yo)	luzca	luciera or luciese
(tú)	luzcas	lucieras or lucieses
(él/ella/usted)	luzca	luciera or luciese
(nosotros/as)	luzcamos	luciéramos or luciésemos
(vosotros/as)	luzcáis	lucierais or lucieseis
(ellos/ellas/ ustedes)	luzcan	lucieran or luciesen

IMPERATIVE
luce / lucid

Use the present subjunctive in all cases other than these tú and vosotros affirmative forms.

EXAMPLE PHRASES
Lucirá un traje muy elegante. She will be wearing a very elegant outfit.

Luciría más con otros zapatos. It would look better with a different pair of shoes.

Quiero que esta noche **luzcas** tú el collar. I want you to wear the necklace tonight.

Remember that subject pronouns are not used very often in Spanish.

morir (to die)

	PRESENT		PRESENT PERFECT
(yo)	muero		he muerto
(tú)	mueres		has muerto
(él/ella/usted)	muere		ha muerto
(nosotros/as)	morimos		hemos muerto
(vosotros/as)	morís		habéis muerto
(ellos/ellas/ ustedes)	mueren		han muerto

	PRETERITE		IMPERFECT
(yo)	morí		moría
(tú)	moriste		morías
(él/ella/usted)	murió		moría
(nosotros/as)	morimos		moríamos
(vosotros/as)	moristeis		moríais
(ellos/ellas/ ustedes)	murieron		morían

GERUND
muriendo

PAST PARTICIPLE
muerto

EXAMPLE PHRASES

¡Me muero de hambre! I'm starving!

Se está muriendo. She's dying.

Se le había muerto el gato. His cat had died.

Se murió el mes pasado. He died last month.

Me moría de ganas de contárselo. I was dying to tell her.

Remember that subject pronouns are not used very often in Spanish.

morir

	FUTURE	CONDITIONAL
(yo)	moriré	moriría
(tú)	morirás	morirías
(él/ella/usted)	morirá	moriría
(nosotros/as)	moriremos	moriríamos
(vosotros/as)	moriréis	moriríais
(ellos/ellas/ustedes)	morirán	morirían

	PRESENT SUBJUNCTIVE	IMPERFECT SUBJUNCTIVE
(yo)	muera	muriera or muriese
(tú)	mueras	murieras or murieses
(él/ella/usted)	muera	muriera or muriese
(nosotros/as)	muramos	muriéramos or muriésemos
(vosotros/as)	muráis	murierais or murieseis
(ellos/ellas/ustedes)	mueran	murieran or muriesen

IMPERATIVE

muere / morid

Use the present subjunctive in all cases other than these tú and vosotros affirmative forms.

EXAMPLE PHRASES

Cuando te lo cuente **te morirás** de risa. You'll die laughing when I tell you.

Yo **me moriría** de vergüenza. I'd die of shame.

Cuando **me muera**... When I die...

¡Por favor, no **te mueras**! Please don't die!

Remember that subject pronouns are not used very often in Spanish.

mover (to move)

	PRESENT		PRESENT PERFECT
(yo)	muevo		he movido
(tú)	mueves		has movido
(él/ella/usted)	mueve		ha movido
(nosotros/as)	movemos		hemos movido
(vosotros/as)	movéis		habéis movido
(ellos/ellas/ ustedes)	mueven		han movido

	PRETERITE		IMPERFECT
(yo)	moví		movía
(tú)	moviste		movías
(él/ella/usted)	movió		movía
(nosotros/as)	movimos		movíamos
(vosotros/as)	movisteis		movíais
(ellos/ellas/ ustedes)	movieron		movían

GERUND

moviendo

PAST PARTICIPLE

movido

EXAMPLE PHRASES

El perro no dejaba de **mover** la cola. The dog kept wagging its tail.

Se está moviendo. It's moving.

No **se movieron** de casa. They didn't leave the house.

Antes **se movía** en esos ambientes. He used to move in those circles.

Remember that subject pronouns are not used very often in Spanish.

mover

	FUTURE	CONDITIONAL
(yo)	moveré	movería
(tú)	moverás	moverías
(él/ella/usted)	moverá	movería
(nosotros/as)	moveremos	moveríamos
(vosotros/as)	moveréis	moveríais
(ellos/ellas/ ustedes)	moverán	moverían

	PRESENT SUBJUNCTIVE	IMPERFECT SUBJUNCTIVE
(yo)	mueva	moviera *or* moviese
(tú)	muevas	movieras *or* movieses
(él/ella/usted)	mueva	moviera *or* moviese
(nosotros/as)	movamos	moviéramos *or* moviésemos
(vosotros/as)	mováis	movierais *or* movieseis
(ellos/ellas/ ustedes)	muevan	movieran *or* moviesen

IMPERATIVE

mueve / moved

Use the present subjunctive in all cases other than these tú and vosotros affirmative forms.

EXAMPLE PHRASES

Prométeme que no **te moverás** de aquí. Promise me you won't move from here.

No **te muevas**. Don't move.

Mueve un poco las cajas para que podamos pasar. Move the boxes a bit so that we can get past.

Remember that subject pronouns are not used very often in Spanish.

nacer (to be born)

	PRESENT		PRESENT PERFECT
(yo)	nazco		he nacido
(tú)	naces		has nacido
(él/ella/usted)	nace		ha nacido
(nosotros/as)	nacemos		hemos nacido
(vosotros/as)	nacéis		habéis nacido
(ellos/ellas/ ustedes)	nacen		han nacido

	PRETERITE		IMPERFECT
(yo)	nací		nacía
(tú)	naciste		nacías
(él/ella/usted)	nació		nacía
(nosotros/as)	nacimos		nacíamos
(vosotros/as)	nacisteis		nacíais
(ellos/ellas/ ustedes)	nacieron		nacían

GERUND

naciendo

PAST PARTICIPLE

nacido

EXAMPLE PHRASES

Nacen cuatro niños por minuto. Four children are born every minute.

Nació en 1980. He was born in 1980.

¿Cuándo **naciste**? When were you born?

Tu todavía no **habías nacido**. You hadn't been born yet.

Remember that subject pronouns are not used very often in Spanish.

nacer

	FUTURE	**CONDITIONAL**
(yo)	naceré	nacería
(tú)	nacerás	nacerías
(él/ella/usted)	nacerá	nacería
(nosotros/as)	naceremos	naceríamos
(vosotros/as)	naceréis	naceríais
(ellos/ellas/ustedes)	nacerán	nacerían

	PRESENT SUBJUNCTIVE	**IMPERFECT SUBJUNCTIVE**
(yo)	nazca	naciera or naciese
(tú)	nazcas	nacieras or nacieses
(él/ella/usted)	nazca	naciera or naciese
(nosotros/as)	nazcamos	naciéramos or naciésemos
(vosotros/as)	nazcáis	nacierais or nacieseis
(ellos/ellas/ustedes)	nazcan	nacieran or naciesen

IMPERATIVE

nace / naced

Use the present subjunctive in all cases other than these tú *and* vosotros *affirmative forms.*

EXAMPLE PHRASES

Nacerá el año que viene. It will be born next year.

Queremos que **nazca** en México. We want it to be born in Mexico.

Si **naciera** hoy, sería tauro. He'd be a Taurus if he were born today.

Remember that subject pronouns are not used very often in Spanish.

negar (to deny; to refuse)

	PRESENT		PRESENT PERFECT
(yo)	niego		he negado
(tú)	niegas		has negado
(él/ella/usted)	niega		ha negado
(nosotros/as)	negamos		hemos negado
(vosotros/as)	negáis		habéis negado
(ellos/ellas/ ustedes)	niegan		han negado

	PRETERITE		IMPERFECT
(yo)	negué		negaba
(tú)	negaste		negabas
(él/ella/usted)	negó		negaba
(nosotros/as)	negamos		negábamos
(vosotros/as)	negasteis		negabais
(ellos/ellas/ ustedes)	negaron		negaban

GERUND

negando

PAST PARTICIPLE

negado

EXAMPLE PHRASES

No lo puedes **negar**. You can't deny it.

Me **niego** a creerlo. I refuse to believe it.

Se **negó** a venir con nosotros. She refused to come with us.

Decían que era el ladrón, pero él lo **negaba**. They said that he was the thief, but he denied it.

Remember that subject pronouns are not used very often in Spanish.

negar

	FUTURE	CONDITIONAL
(yo)	negaré	negaría
(tú)	negarás	negarías
(él/ella/usted)	negará	negaría
(nosotros/as)	negaremos	negaríamos
(vosotros/as)	negaréis	negaríais
(ellos/ellas/ustedes)	negarán	negarían

	PRESENT SUBJUNCTIVE	IMPERFECT SUBJUNCTIVE
(yo)	niegue	negara or negase
(tú)	niegues	negaras or negases
(él/ella/usted)	niegue	negara or negase
(nosotros/as)	neguemos	negáramos or negásemos
(vosotros/as)	neguéis	negarais or negaseis
(ellos/ellas/ustedes)	nieguen	negaran or negasen

IMPERATIVE

niega / negad

Use the present subjunctive in all cases other than these tú and vosotros affirmative forms.

EXAMPLE PHRASES

No me **negarás** que es barato. You can't say it's not cheap.

Si lo **negaras**, nadie te creería. If you denied it, nobody would believe you.

No lo **niegues**. Don't deny it.

Remember that subject pronouns are not used very often in Spanish.

Oír (to hear; to listen)

	PRESENT		PRESENT PERFECT
(yo)	oigo		he oído
(tú)	oyes		has oído
(él/ella/usted)	oye		ha oído
(nosotros/as)	oímos		hemos oído
(vosotros/as)	oís		habéis oído
(ellos/ellas/ ustedes)	oyen		han oído

	PRETERITE		IMPERFECT
(yo)	oí		oía
(tú)	oíste		oías
(él/ella/usted)	oyó		oía
(nosotros/as)	oímos		oíamos
(vosotros/as)	oísteis		oíais
(ellos/ellas/ ustedes)	oyeron		oían

GERUND

oyendo

PAST PARTICIPLE

oído

EXAMPLE PHRASES

No **oigo** nada. I can't hear anything.

Estábamos oyendo las noticias. We were listening to the news.

¿**Oíste** eso? Did you hear that?

Lo **oí** por casualidad. I heard it by chance.

No **oía** muy bien. He couldn't hear very well.

Remember that subject pronouns are not used very often in Spanish.

oír

	FUTURE	CONDITIONAL
(yo)	oiré	oiría
(tú)	oirás	oirías
(él/ella/usted)	oirá	oiría
(nosotros/as)	oiremos	oiríamos
(vosotros/as)	oiréis	oiríais
(ellos/ellas/ustedes)	oirán	oirían

	PRESENT SUBJUNCTIVE	IMPERFECT SUBJUNCTIVE
(yo)	oiga	oyera *or* oyese
(tú)	oigas	oyeras *or* oyeses
(él/ella/usted)	oiga	oyera *or* oyese
(nosotros/as)	oigamos	oyéramos *or* oyésemos
(vosotros/as)	oigáis	oyerais *or* oyeseis
(ellos/ellas/ustedes)	oigan	oyeran *or* oyesen

IMPERATIVE

oye / oíd

Use the present subjunctive in all cases other than these tú and vosotros affirmative forms.

EXAMPLE PHRASES

Oye, ¿tú qué te crees? Listen, who do you think you are?
Oigan bien. Listen carefully.

Remember that subject pronouns are not used very often in Spanish.

oler (to smell)

	PRESENT	PRESENT PERFECT
(yo)	huelo	he olido
(tú)	hueles	has olido
(él/ella/usted)	huele	ha olido
(nosotros/as)	olemos	hemos olido
(vosotros/as)	oléis	habéis olido
(ellos/ellas/ ustedes)	huelen	han olido

	PRETERITE	IMPERFECT
(yo)	olí	olía
(tú)	oliste	olías
(él/ella/usted)	olió	olía
(nosotros/as)	olimos	olíamos
(vosotros/as)	olisteis	olíais
(ellos/ellas/ ustedes)	olieron	olían

GERUND
oliendo

PAST PARTICIPLE
olido

EXAMPLE PHRASES

Huele a pescado. It smells of fish.

El perro **estaba oliendo** la basura. The dog was sniffing the trash.

A mí el asunto me **olió** mal. I thought there was something fishy about it.

Olía muy bien. It smelled really nice.

Remember that subject pronouns are not used very often in Spanish.

oler

	FUTURE	**CONDITIONAL**
(yo)	oleré	olería
(tú)	olerás	olerías
(él/ella/usted)	olerá	olería
(nosotros/as)	oleremos	oleríamos
(vosotros/as)	oleréis	oleríais
(ellos/ellas/ ustedes)	olerán	olerían

	PRESENT SUBJUNCTIVE	**IMPERFECT SUBJUNCTIVE**
(yo)	huela	oliera *or* oliese
(tú)	huelas	olieras *or* olieses
(él/ella/usted)	huela	oliera *or* oliese
(nosotros/as)	olamos	oliéramos *or* oliésemos
(vosotros/as)	oláis	olierais *or* olieseis
(ellos/ellas/ ustedes)	huelan	olieran *or* oliesen

IMPERATIVE
huele / oled

Use the present subjunctive in all cases other than these tú and vosotros affirmative forms.

EXAMPLE PHRASES
Con esto ya no **olerá**. This will take the smell away.

Si estuviera fresco, no **olería** así. If it were fresh, it wouldn't smell like that.

pagar (to pay; to pay for)

	PRESENT	PRESENT PERFECT
(yo)	pago	he pagado
(tú)	pagas	has pagado
(él/ella/usted)	paga	ha pagado
(nosotros/as)	pagamos	hemos pagado
(vosotros/as)	pagáis	habéis pagado
(ellos/ellas/ ustedes)	pagan	han pagado

	PRETERITE	IMPERFECT
(yo)	pagué	pagaba
(tú)	pagaste	pagabas
(él/ella/usted)	pagó	pagaba
(nosotros/as)	pagamos	pagábamos
(vosotros/as)	pagasteis	pagabais
(ellos/ellas/ ustedes)	pagaron	pagaban

GERUND	PAST PARTICIPLE
pagando	pagado

EXAMPLE PHRASES

Se puede **pagar** con tarjeta de crédito. You can pay by credit card.

¿Cuánto te **pagan** al mes? How much do they pay you a month?

Lo **pagué** en efectivo. I paid for it in cash.

Me **pagaban** muy poco. I got paid very little.

Remember that subject pronouns are not used very often in Spanish.

pagar

	FUTURE	CONDITIONAL
(yo)	pagaré	pagaría
(tú)	pagarás	pagarías
(él/ella/usted)	pagará	pagaría
(nosotros/as)	pagaremos	pagaríamos
(vosotros/as)	pagaréis	pagaríais
(ellos/ellas/ ustedes)	pagarán	pagarían

	PRESENT SUBJUNCTIVE	IMPERFECT SUBJUNCTIVE
(yo)	pague	pagara or pagase
(tú)	pagues	pagaras or pagases
(él/ella/usted)	pague	pagara or pagase
(nosotros/as)	paguemos	pagáramos or pagásemos
(vosotros/as)	paguéis	pagarais or pagaseis
(ellos/ellas/ ustedes)	paguen	pagaran or pagasen

IMPERATIVE

paga / pagad

Use the present subjunctive in all cases other than these tú and vosotros affirmative forms.

EXAMPLE PHRASES

Yo te **pagaré** la entrada. I'll pay for your ticket.

¡Quiero que **pague** por lo que me ha hecho! I want him to pay for what he's done to me!

Si **pagara** sus deudas, se quedaría sin nada. He'd be left with nothing if he paid his debts.

No les **pagues** hasta que lo hayan hecho. Don't pay them until they've done it.

Págame lo que me debes. Pay me what you owe me.

Remember that subject pronouns are not used very often in Spanish.

partir (to cut; to leave)

	PRESENT	PRESENT PERFECT
(yo)	parto	he partido
(tú)	partes	has partido
(él/ella/usted)	parte	ha partido
(nosotros/as)	partimos	hemos partido
(vosotros/as)	partís	habéis partido
(ellos/ellas/ ustedes)	parten	han partido

	PRETERITE	IMPERFECT
(yo)	partí	partía
(tú)	partiste	partías
(él/ella/usted)	partió	partía
(nosotros/as)	partimos	partíamos
(vosotros/as)	partisteis	partíais
(ellos/ellas/ ustedes)	partieron	partían

GERUND
partiendo

PAST PARTICIPLE
partido

EXAMPLE PHRASES

¿Te **parto** un trozo de queso? Shall I cut you a piece of cheese?

Partiendo de la base de que... Assuming that...

El remo **se partió** en dos. The oar broke in two.

Remember that subject pronouns are not used very often in Spanish.

partir

	FUTURE	CONDITIONAL
(yo)	partiré	partiría
(tú)	partirás	partirías
(él/ella/usted)	partirá	partiría
(nosotros/as)	partiremos	partiríamos
(vosotros/as)	partiréis	partiríais
(ellos/ellas/ustedes)	partirán	partirían

	PRESENT SUBJUNCTIVE	IMPERFECT SUBJUNCTIVE
(yo)	parta	partiera *or* partiese
(tú)	partas	partieras *or* partieses
(él/ella/usted)	parta	partiera *or* partiese
(nosotros/as)	partamos	partiéramos *or* partiésemos
(vosotros/as)	partáis	partierais *or* partieseis
(ellos/ellas/ustedes)	partan	partieran *or* partiesen

IMPERATIVE
parte / partid

Use the present subjunctive in all cases other than these tú and vosotros affirmative forms.

EXAMPLE PHRASES
La expedición **partirá** mañana de París. The expedition will leave from Paris tomorrow.

Eso le **partiría** el corazón. That would break his heart.

Pártelo por la mitad. Cut it in half.

Remember that subject pronouns are not used very often in Spanish.

pedir (to ask for; to ask)

	PRESENT	PRESENT PERFECT
(yo)	pido	he pedido
(tú)	pides	has pedido
(él/ella/usted)	pide	ha pedido
(nosotros/as)	pedimos	hemos pedido
(vosotros/as)	pedís	habéis pedido
(ellos/ellas/ ustedes)	piden	han pedido

	PRETERITE	IMPERFECT
(yo)	pedí	pedía
(tú)	pediste	pedías
(él/ella/usted)	pidió	pedía
(nosotros/as)	pedimos	pedíamos
(vosotros/as)	pedisteis	pedíais
(ellos/ellas/ ustedes)	pidieron	pedían

GERUND

pidiendo

PAST PARTICIPLE

pedido

EXAMPLE PHRASES

¿Cuánto **pide** por el carro? How much is he asking for the car?

La casa **está pidiendo** a gritos una mano de pintura. The house is crying out to be painted.

Pedimos dos cervezas. We ordered two beers.

No nos **pidieron** el pasaporte. They didn't ask us for our passports.

Pedían dos millones de rescate. They were demanding two million in ransom.

Remember that subject pronouns are not used very often in Spanish.

pedir

	FUTURE	**CONDITIONAL**
(yo)	pediré	pediría
(tú)	pedirás	pedirías
(él/ella/usted)	pedirá	pediría
(nosotros/as)	pediremos	pediríamos
(vosotros/as)	pediréis	pediríais
(ellos/ellas/ ustedes)	pedirán	pedirían

	PRESENT SUBJUNCTIVE	**IMPERFECT SUBJUNCTIVE**
(yo)	pida	pidiera or pidiese
(tú)	pidas	pidieras or pidieses
(él/ella/usted)	pida	pidiera or pidiese
(nosotros/as)	pidamos	pidiéramos or pidiésemos
(vosotros/as)	pidáis	pidierais or pidieseis
(ellos/ellas/ ustedes)	pidan	pidieran or pidiesen

IMPERATIVE

pide / pedid

Use the present subjunctive in all cases other than these tú and vosotros affirmative forms.

EXAMPLE PHRASES

Si se entera, te **pedirá** explicaciones. If he finds out, he'll ask you for an explanation.

Nunca te **pediría** que hicieras una cosa así. I'd never ask you to do anything like that.

Y que sea lo último que me **pidas**. And don't ask me for anything else.

Pídele el teléfono. Ask her for her phone number.

Remember that subject pronouns are not used very often in Spanish.

pensar (to think)

	PRESENT		PRESENT PERFECT
(yo)	pienso		he pensado
(tú)	piensas		has pensado
(él/ella/usted)	piensa		ha pensado
(nosotros/as)	pensamos		hemos pensado
(vosotros/as)	pensáis		habéis pensado
(ellos/ellas/ ustedes)	piensan		han pensado

	PRETERITE		IMPERFECT
(yo)	pensé		pensaba
(tú)	pensaste		pensabas
(él/ella/usted)	pensó		pensaba
(nosotros/as)	pensamos		pensábamos
(vosotros/as)	pensasteis		pensabais
(ellos/ellas/ ustedes)	pensaron		pensaban

GERUND

pensando

PAST PARTICIPLE

pensado

EXAMPLE PHRASES

¿**Piensas** que vale la pena? Do you think it's worth it?

¿Qué **piensas** del aborto? What do you think about abortion?

Está **pensando** en comprarse una casa. He's thinking about buying a house.

¿Lo **pensaste** bien? Have you thought about it carefully?

Pensaba que vendrías. I thought you'd come.

Remember that subject pronouns are not used very often in Spanish.

pensar

	FUTURE	CONDITIONAL
(yo)	pensaré	pensaría
(tú)	pensarás	pensarías
(él/ella/usted)	pensará	pensaría
(nosotros/as)	pensaremos	pensaríamos
(vosotros/as)	pensaréis	pensaríais
(ellos/ellas/ ustedes)	pensarán	pensarían

	PRESENT SUBJUNCTIVE	IMPERFECT SUBJUNCTIVE
(yo)	piense	pensara or pensase
(tú)	pienses	pensaras or pensases
(él/ella/usted)	piense	pensara or pensase
(nosotros/as)	pensemos	pensáramos or pensásemos
(vosotros/as)	penséis	pensarais or pensaseis
(ellos/ellas/ ustedes)	piensen	pensaran or pensasen

IMPERATIVE

piensa / pensad

Use the present subjunctive in all cases other than these tú and vosotros affirmative forms.

EXAMPLE PHRASES

Yo no me lo **pensaría** dos veces. I wouldn't think twice.

Me da igual lo que **piensen**. I don't care what they think.

Si **pensara** eso, te lo diría. If I thought that, I'd tell you.

No **pienses** que no quiero ir. Don't think that I don't want to go.

No lo **pienses** más. Don't give it another thought.

Remember that subject pronouns are not used very often in Spanish.

perder (to lose)

	PRESENT		PRESENT PERFECT
(yo)	pierdo		he perdido
(tú)	pierdes		has perdido
(él/ella/usted)	pierde		ha perdido
(nosotros/as)	perdemos		hemos perdido
(vosotros/as)	perdéis		habéis perdido
(ellos/ellas/ ustedes)	pierden		han perdido

	PRETERITE		IMPERFECT
(yo)	perdí		perdía
(tú)	perdiste		perdías
(él/ella/usted)	perdió		perdía
(nosotros/as)	perdimos		perdíamos
(vosotros/as)	perdisteis		perdíais
(ellos/ellas/ ustedes)	perdieron		perdían

GERUND

perdiendo

PAST PARTICIPLE

perdido

EXAMPLE PHRASES

Siempre **pierde** las llaves. He's always losing his keys.

Ana es la que saldrá **perdiendo**. Ana is the one who will lose out.

Había perdido dos kilos. He'd lost two kilos.

Perdimos dos a cero. We lost two-nothing.

Perdían siempre. They always used to lose.

Remember that subject pronouns are not used very often in Spanish.

perder

	FUTURE	**CONDITIONAL**
(yo)	perderé	perdería
(tú)	perderás	perderías
(él/ella/usted)	perderá	perdería
(nosotros/as)	perderemos	perderíamos
(vosotros/as)	perderéis	perderíais
(ellos/ellas/ustedes)	perderán	perderían

	PRESENT SUBJUNCTIVE	**IMPERFECT SUBJUNCTIVE**
(yo)	pierda	perdiera or perdiese
(tú)	pierdas	perdieras or perdieses
(él/ella/usted)	pierda	perdiera or perdiese
(nosotros/as)	perdamos	perdiéramos or perdiésemos
(vosotros/as)	perdáis	perdierais or perdieseis
(ellos/ellas/ustedes)	pierdan	perdieran or perdiesen

IMPERATIVE

pierde / perded

Use the present subjunctive in all cases other than these tú and vosotros affirmative forms.

EXAMPLE PHRASES

Apúrate o **perderás** el tren. Hurry up or you'll miss the train.

¡No **te** lo **pierdas**! Don't miss it!

No **pierdas** esta oportunidad. Don't miss this opportunity.

Remember that subject pronouns are not used very often in Spanish.

poder (to be able to)

	PRESENT	PRESENT PERFECT
(yo)	puedo	he podido
(tú)	puedes	has podido
(él/ella/usted)	puede	ha podido
(nosotros/as)	podemos	hemos podido
(vosotros/as)	podéis	habéis podido
(ellos/ellas/ustedes)	pueden	han podido

	PRETERITE	IMPERFECT
(yo)	pude	podía
(tú)	pudiste	podías
(él/ella/usted)	pudo	podía
(nosotros/as)	pudimos	podíamos
(vosotros/as)	pudisteis	podíais
(ellos/ellas/ustedes)	pudieron	podían

GERUND

pudiendo

PAST PARTICIPLE

podido

EXAMPLE PHRASES

¿**Puedo** entrar? Can I come in?

Puede que llegue mañana. He may arrive tomorrow.

No **pude** venir antes. I couldn't come before.

Pudiste haberte lastimado. You could have hurt yourself.

¡Me lo **podías** haber dicho! You could have told me!

Remember that subject pronouns are not used very often in Spanish.

poder

	FUTURE	CONDITIONAL
(yo)	podré	podría
(tú)	podrás	podrías
(él/ella/usted)	podrá	podría
(nosotros/as)	podremos	podríamos
(vosotros/as)	podréis	podríais
(ellos/ellas/ ustedes)	podrán	podrían

	PRESENT SUBJUNCTIVE	IMPERFECT SUBJUNCTIVE
(yo)	pueda	pudiera *or* pudiese
(tú)	puedas	pudieras *or* pudieses
(él/ella/usted)	pueda	pudiera *or* pudiese
(nosotros/as)	podamos	pudiéramos *or* pudiésemos
(vosotros/as)	podáis	pudierais *or* pudieseis
(ellos/ellas/ ustedes)	puedan	pudieran *or* pudiesen

IMPERATIVE

puede / poded

Use the present subjunctive in all cases other than these tú and vosotros affirmative forms.

EXAMPLE PHRASES

Estoy segura de que **podrá** conseguirlo. I'm sure he'll succeed.

¿**Podrías** ayudarme? Could you help me?

Ven en cuanto **puedas**. Come as soon as you can.

Me fui para que **pudieran** hablar. I left so they could talk.

Remember that subject pronouns are not used very often in Spanish.

poner (to put)

	PRESENT	PRESENT PERFECT
(yo)	pongo	he puesto
(tú)	pones	has puesto
(él/ella/usted)	pone	ha puesto
(nosotros/as)	ponemos	hemos puesto
(vosotros/as)	ponéis	habéis puesto
(ellos/ellas/ ustedes)	ponen	han puesto

	PRETERITE	IMPERFECT
(yo)	puse	ponía
(tú)	pusiste	ponías
(él/ella/usted)	puso	ponía
(nosotros/as)	pusimos	poníamos
(vosotros/as)	pusisteis	poníais
(ellos/ellas/ ustedes)	pusieron	ponían

GERUND	PAST PARTICIPLE
poniendo	puesto

EXAMPLE PHRASES

¿Dónde **pongo** mis cosas? Where shall I put my things?

¿Le **pusiste** azúcar a mi café? Did you put sugar in my coffee?

Todos **nos pusimos** de acuerdo. We all agreed.

Remember that subject pronouns are not used very often in Spanish.

poner

	FUTURE	CONDITIONAL
(yo)	pondré	pondría
(tú)	pondrás	pondrías
(él/ella/usted)	pondrá	pondría
(nosotros/as)	pondremos	pondríamos
(vosotros/as)	pondréis	pondríais
(ellos/ellas/ ustedes)	pondrán	pondrían

	PRESENT SUBJUNCTIVE	IMPERFECT SUBJUNCTIVE
(yo)	ponga	pusiera or pusiese
(tú)	pongas	pusieras or pusieses
(él/ella/usted)	ponga	pusiera or pusiese
(nosotros/as)	pongamos	pusiéramos or pusiésemos
(vosotros/as)	pongáis	pusierais or pusieseis
(ellos/ellas/ ustedes)	pongan	pusieran or pusiesen

IMPERATIVE

pon / poned

Use the present subjunctive in all cases other than these tú and vosotros affirmative forms.

EXAMPLE PHRASES

Lo **pondré** aquí. I'll put it here.

¿Le **pondrías** más sal? Would you add more salt?

Ponlo ahí. Put it over there.

Remember that subject pronouns are not used very often in Spanish.

prohibir (to ban; to prohibit)

	PRESENT		PRESENT PERFECT
(yo)	prohíbo		he prohibido
(tú)	prohíbes		has prohibido
(él/ella/usted)	prohíbe		ha prohibido
(nosotros/as)	prohibimos		hemos prohibido
(vosotros/as)	prohibís		habéis prohibido
(ellos/ellas/ ustedes)	prohíben		han prohibido

	PRETERITE		IMPERFECT
(yo)	prohibí		prohibía
(tú)	prohibiste		prohibías
(él/ella/usted)	prohibió		prohibía
(nosotros/as)	prohibimos		prohibíamos
(vosotros/as)	prohibisteis		prohibíais
(ellos/ellas/ ustedes)	prohibieron		prohibían

GERUND	PAST PARTICIPLE
prohibiendo	prohibido

EXAMPLE PHRASES

Deberían **prohibirlo**. It should be banned.

Te **prohíbo** que me hables así. I won't have you talking to me like that!

Le **prohibieron** la entrada. She was not allowed in.

El tratado **prohibía** el uso de armas químicas. The treaty prohibited the use of chemical weapons.

Remember that subject pronouns are not used very often in Spanish.

prohibir

	FUTURE	CONDITIONAL
(yo)	prohibiré	prohibiría
(tú)	prohibirás	prohibirías
(él/ella/usted)	prohibirá	prohibiría
(nosotros/as)	prohibiremos	prohibiríamos
(vosotros/as)	prohibiréis	prohibiríais
(ellos/ellas/ ustedes)	prohibirán	prohibirían

	PRESENT SUBJUNCTIVE	IMPERFECT SUBJUNCTIVE
(yo)	prohíba	prohibiera or prohibiese
(tú)	prohíbas	prohibieras or prohibieses
(él/ella/usted)	prohíba	prohibiera or prohibiese
(nosotros/as)	prohibamos	prohibiéramos or prohibiésemos
(vosotros/as)	prohibáis	prohibierais or prohibieseis
(ellos/ellas/ ustedes)	prohíban	prohibieran or prohibiesen

IMPERATIVE

prohíbe / prohibid

Use the present subjunctive in all cases other than these tú and vosotros affirmative forms.

EXAMPLE PHRASES

Tarde o temprano lo **prohibirán**. Sooner or later they'll ban it.

Yo esa música la **prohibiría**. If it were up to me, that music would be banned.

"**prohibido** fumar" "no smoking"

querer (to want; to love)

	PRESENT		PRESENT PERFECT
(yo)	quiero		he querido
(tú)	quieres		has querido
(él/ella/usted)	quiere		ha querido
(nosotros/as)	queremos		hemos querido
(vosotros/as)	queréis		habéis querido
(ellos/ellas/ ustedes)	quieren		han querido

	PRETERITE		IMPERFECT
(yo)	quise		quería
(tú)	quisiste		querías
(él/ella/usted)	quiso		quería
(nosotros/as)	quisimos		queríamos
(vosotros/as)	quisisteis		queríais
(ellos/ellas/ ustedes)	quisieron		querían

GERUND

queriendo

PAST PARTICIPLE

querido

EXAMPLE PHRASES

Lo hice sin **querer**. I didn't mean to do it.

Te **quiero**. I love you.

Quiero que vayas. I want you to go.

No **quería** decírmelo. She didn't want to tell me.

Remember that subject pronouns are not used very often in Spanish.

querer

	FUTURE	CONDITIONAL
(yo)	querré	querría
(tú)	querrás	querrías
(él/ella/usted)	querrá	querría
(nosotros/as)	querremos	querríamos
(vosotros/as)	querréis	querríais
(ellos/ellas/ ustedes)	querrán	querrían

	PRESENT SUBJUNCTIVE	IMPERFECT SUBJUNCTIVE
(yo)	quiera	quisiera *or* quisiese
(tú)	quieras	quisieras *or* quisieses
(él/ella/usted)	quiera	quisiera *or* quisiese
(nosotros/as)	queramos	quisiéramos *or* quisiésemos
(vosotros/as)	queráis	quisierais *or* quisieseis
(ellos/ellas/ ustedes)	quieran	quisieran *or* quisiesen

IMPERATIVE

quiere / quered

Use the present subjunctive in all cases other than these tú and vosotros affirmative forms.

EXAMPLE PHRASES

Siempre la **querré**. I will always love her.

Querría que no hubiera pasado nunca. I wish it had never happened.

¡Por lo que más **quieras**, cállate! For goodness sake, shut up!

Quisiera preguntar una cosa. I'd like to ask something.

Remember that subject pronouns are not used very often in Spanish.

reducir (to reduce)

	PRESENT		PRESENT PERFECT
(yo)	reduzco		he reducido
(tú)	reduces		has reducido
(él/ella/usted)	reduce		ha reducido
(nosotros/as)	reducimos		hemos reducido
(vosotros/as)	reducís		habéis reducido
(ellos/ellas/ustedes)	reducen		han reducido

	PRETERITE		IMPERFECT
(yo)	reduje		reducía
(tú)	redujiste		reducías
(él/ella/usted)	redujo		reducía
(nosotros/as)	redujimos		reducíamos
(vosotros/as)	redujisteis		reducíais
(ellos/ellas/ustedes)	redujeron		reducían

GERUND

reduciendo

PAST PARTICIPLE

reducido

EXAMPLE PHRASES

Al final todo **se reduce** a eso. In the end it all comes down to that.

Se había reducido la tasa de natalidad. The birth rate had fallen.

Sus gastos **se redujeron** a la mitad. Their expenses were cut by half.

Remember that subject pronouns are not used very often in Spanish.

reducir

	FUTURE	CONDITIONAL
(yo)	reduciré	reduciría
(tú)	reducirás	reducirías
(él/ella/usted)	reducirá	reduciría
(nosotros/as)	reduciremos	reduciríamos
(vosotros/as)	reduciréis	reduciríais
(ellos/ellas/ ustedes)	reducirán	reducirían

	PRESENT SUBJUNCTIVE	IMPERFECT SUBJUNCTIVE
(yo)	reduzca	redujera or redujese
(tú)	reduzcas	redujeras or redujeses
(él/ella/usted)	reduzca	redujera or redujese
(nosotros/as)	reduzcamos	redujéramos or redujésemos
(vosotros/as)	reduzcáis	redujerais or redujeseis
(ellos/ellas/ ustedes)	reduzcan	redujeran or redujesen

IMPERATIVE

reduce / reducid

Use the present subjunctive in all cases other than these tú and vosotros affirmative forms.

EXAMPLE PHRASES

Reducirán la producción en un 20%. They'll cut production by 20%.

Reduzca la velocidad. Reduce speed.

Remember that subject pronouns are not used very often in Spanish.

rehusar (to refuse)

	PRESENT	**PRESENT PERFECT**
(yo)	rehúso	he rehusado
(tú)	rehúsas	has rehusado
(él/ella/usted)	rehúsa	ha rehusado
(nosotros/as)	rehusamos	hemos rehusado
(vosotros/as)	rehusáis	habéis rehusado
(ellos/ellas/ustedes)	rehúsan	han rehusado

	PRETERITE	**IMPERFECT**
(yo)	rehusé	rehusaba
(tú)	rehusaste	rehusabas
(él/ella/usted)	rehusó	rehusaba
(nosotros/as)	rehusamos	rehusábamos
(vosotros/as)	rehusasteis	rehusabais
(ellos/ellas/ustedes)	rehusaron	rehusaban

GERUND	**PAST PARTICIPLE**
rehusando	rehusado

EXAMPLE PHRASES

Rehúso tomar parte en esto. I refuse to take part in this.

Había rehusado varias ofertas de trabajo. He had declined several job offers.

Su familia **rehusó** hacer declaraciones. His family refused to comment.

Remember that subject pronouns are not used very often in Spanish.

rehusar

	FUTURE	**CONDITIONAL**
(yo)	rehusaré	rehusaría
(tú)	rehusarás	rehusarías
(él/ella/usted)	rehusará	rehusaría
(nosotros/as)	rehusaremos	rehusaríamos
(vosotros/as)	rehusaréis	rehusaríais
(ellos/ellas/ustedes)	rehusarán	rehusarían

	PRESENT SUBJUNCTIVE	**IMPERFECT SUBJUNCTIVE**
(yo)	rehúse	rehusara or rehusase
(tú)	rehúses	rehusaras or rehusases
(él/ella/usted)	rehúse	rehusara or rehusase
(nosotros/as)	rehusemos	rehusáramos or rehusásemos
(vosotros/as)	rehuséis	rehusarais or rehusaseis
(ellos/ellas/ustedes)	rehúsen	rehusaran or rehusasen

IMPERATIVE

rehúsa / rehusad

Use the present subjunctive in all cases other than these tú and vosotros affirmative forms.

reír (to laugh)

	PRESENT	PRESENT PERFECT
(yo)	río	he reído
(tú)	ríes	has reído
(él/ella/usted)	ríe	ha reído
(nosotros/as)	reímos	hemos reído
(vosotros/as)	reís	habéis reído
(ellos/ellas/ustedes)	ríen	han reído

	PRETERITE	IMPERFECT
(yo)	reí	reía
(tú)	reíste	reías
(él/ella/usted)	rio	reía
(nosotros/as)	reímos	reíamos
(vosotros/as)	reísteis	reíais
(ellos/ellas/ustedes)	rieron	reían

GERUND

riendo

PAST PARTICIPLE

reído

EXAMPLE PHRASES

Se echó a **reír**. She burst out laughing.

Se ríe de todo. She doesn't take anything seriously.

¿De qué **te ríes**? What are you laughing at?

Siempre **están riéndose** en clase. They're always laughing in class.

Me reía mucho con él. I always had a good laugh with him.

Remember that subject pronouns are not used very often in Spanish.

reír

	FUTURE	CONDITIONAL
(yo)	reiré	reiría
(tú)	reirás	reirías
(él/ella/usted)	reirá	reiría
(nosotros/as)	reiremos	reiríamos
(vosotros/as)	reiréis	reiríais
(ellos/ellas/ ustedes)	reirán	reirían

	PRESENT SUBJUNCTIVE	IMPERFECT SUBJUNCTIVE
(yo)	ría	riera *or* riese
(tú)	rías	rieras *or* rieses
(él/ella/usted)	ría	riera *or* riese
(nosotros/as)	riamos	riéramos *or* riésemos
(vosotros/as)	riais	rierais *or* rieseis
(ellos/ellas/ ustedes)	rían	rieran *or* riesen

IMPERATIVE

ríe / reíd

Use the present subjunctive in all cases other than these tú and vosotros affirmative forms.

EXAMPLE PHRASES

Te reirás cuando te lo cuente. You'll laugh when I tell you about it.

Que **se rían** lo que quieran. Let them laugh as much as they want.

No **te rías** de mí. Don't laugh at me.

¡Tú **ríete**, pero pasé muchísimo miedo! You may laugh, but I was really frightened.

Remember that subject pronouns are not used very often in Spanish.

reñir (to quarrel; to argue)

	PRESENT	PRESENT PERFECT
(yo)	riño	he reñido
(tú)	riñes	has reñido
(él/ella/usted)	riñe	ha reñido
(nosotros/as)	reñimos	hemos reñido
(vosotros/as)	reñís	habéis reñido
(ellos/ellas/ ustedes)	riñen	han reñido

	PRETERITE	IMPERFECT
(yo)	reñí	reñía
(tú)	reñiste	reñías
(él/ella/usted)	riñó	reñía
(nosotros/as)	reñimos	reñíamos
(vosotros/as)	reñisteis	reñíais
(ellos/ellas/ ustedes)	riñeron	reñían

GERUND
riñendo

PAST PARTICIPLE
reñido

EXAMPLE PHRASES

Se pasan el día entero **riñendo**. They spend the whole day quarreling.

Reñimos por una tontería. We argued over something stupid.

Remember that subject pronouns are not used very often in Spanish.

reñir

	FUTURE	CONDITIONAL
(yo)	reñiré	reñiría
(tú)	reñirás	reñirías
(él/ella/usted)	reñirá	reñiría
(nosotros/as)	reñiremos	reñiríamos
(vosotros/as)	reñiréis	reñiríais
(ellos/ellas/ustedes)	reñirán	reñirían

	PRESENT SUBJUNCTIVE	IMPERFECT SUBJUNCTIVE
(yo)	riña	riñera or riñese
(tú)	riñas	riñeras or riñeses
(él/ella/usted)	riña	riñera or riñese
(nosotros/as)	riñamos	riñéramos or riñésemos
(vosotros/as)	riñáis	riñerais or riñeseis
(ellos/ellas/ustedes)	riñan	riñeran or riñesen

IMPERATIVE
riñe / reñid

Use the present subjunctive in all cases other than these tú and vosotros affirmative forms.

EXAMPLE PHRASES
¡No **riñán** más! Stop fighting!

Remember that subject pronouns are not used very often in Spanish.

repetir (to repeat)

	PRESENT		PRESENT PERFECT
(yo)	repito		he repetido
(tú)	repites		has repetido
(él/ella/usted)	repite		ha repetido
(nosotros/as)	repetimos		hemos repetido
(vosotros/as)	repetís		habéis repetido
(ellos/ellas/ ustedes)	repiten		han repetido

	PRETERITE		IMPERFECT
(yo)	repetí		repetía
(tú)	repetiste		repetías
(él/ella/usted)	repitió		repetía
(nosotros/as)	repetimos		repetíamos
(vosotros/as)	repetisteis		repetíais
(ellos/ellas/ ustedes)	repitieron		repetían

GERUND
repitiendo

PAST PARTICIPLE
repetido

EXAMPLE PHRASES

¿Podría **repetir**lo, por favor? Could you repeat that, please?

Le **repito** que es imposible. I'm telling you again that it is impossible.

Se lo **he repetido** mil veces, pero no escucha. I've told him hundreds of times but he won't listen.

Repetía una y otra vez que era inocente. He kept repeating that he was innocent.

Remember that subject pronouns are not used very often in Spanish.

repetir

	FUTURE	**CONDITIONAL**
(yo)	repetiré	repetiría
(tú)	repetirás	repetirías
(él/ella/usted)	repetirá	repetiría
(nosotros/as)	repetiremos	repetiríamos
(vosotros/as)	repetiréis	repetiríais
(ellos/ellas/ ustedes)	repetirán	repetirían

	PRESENT SUBJUNCTIVE	**IMPERFECT SUBJUNCTIVE**
(yo)	repita	repitiera or repitiese
(tú)	repitas	repitieras or repitieses
(él/ella/usted)	repita	repitiera or repitiese
(nosotros/as)	repitamos	repitiéramos or repitiésemos
(vosotros/as)	repitáis	repitierais or repitieseis
(ellos/ellas/ ustedes)	repitan	repitieran or repitiesen

IMPERATIVE

repite / repetid

Use the present subjunctive in all cases other than these tú and vosotros affirmative forms.

EXAMPLE PHRASES

Espero que no se **repita**. I hope this won't happen again.

Repitan el ejercicio. Repeat the exercise.

Remember that subject pronouns are not used very often in Spanish.

resolver (to solve)

	PRESENT	PRESENT PERFECT
(yo)	resuelvo	he resuelto
(tú)	resuelves	has resuelto
(él/ella/usted)	resuelve	ha resuelto
(nosotros/as)	resolvemos	hemos resuelto
(vosotros/as)	resolvéis	habéis resuelto
(ellos/ellas/ ustedes)	resuelven	han resuelto

	PRETERITE	IMPERFECT
(yo)	resolví	resolvía
(tú)	resolviste	resolvías
(él/ella/usted)	resolvió	resolvía
(nosotros/as)	resolvimos	resolvíamos
(vosotros/as)	resolvisteis	resolvíais
(ellos/ellas/ ustedes)	resolvieron	resolvían

GERUND
resolviendo

PAST PARTICIPLE
resuelto

EXAMPLE PHRASES

Trataré de **resolver** tus dudas. I'll try to answer your questions.

Enojarse no **resuelve** nada. Getting angry doesn't help at all.

Resolvimos el problema entre todos. We solved the problem together.

resolver

	FUTURE	CONDITIONAL
(yo)	resolveré	resolvería
(tú)	resolverás	resolverías
(él/ella/usted)	resolverá	resolvería
(nosotros/as)	resolveremos	resolveríamos
(vosotros/as)	resolveréis	resolveríais
(ellos/ellas/ ustedes)	resolverán	resolverían

	PRESENT SUBJUNCTIVE	IMPERFECT SUBJUNCTIVE
(yo)	resuelva	resolviera or resolviese
(tú)	resuelvas	resolvieras or resolvieses
(él/ella/usted)	resuelva	resolviera or resolviese
(nosotros/as)	resolvamos	resolviéramos or resolviésemos
(vosotros/as)	resolváis	resolvierais or resolvieseis
(ellos/ellas/ ustedes)	resuelvan	resolvieran or resolviesen

IMPERATIVE

resuelve / resolved

Use the present subjunctive in all cases other than these tú and vosotros affirmative forms.

EXAMPLE PHRASES

No te preocupes, ya lo **resolveremos**. Don't worry, we'll sort it out.

Yo lo **resolvería** de otra forma. I'd sort it out another way.

Hasta que no lo **resuelva** no descansaré. I won't rest until I've sorted it out.

Remember that subject pronouns are not used very often in Spanish.

reunir (to put together; to gather)

	PRESENT	PRESENT PERFECT
(yo)	reúno	he reunido
(tú)	reúnes	has reunido
(él/ella/usted)	reúne	ha reunido
(nosotros/as)	reunimos	hemos reunido
(vosotros/as)	reunís	habéis reunido
(ellos/ellas/ustedes)	reúnen	han reunido

	PRETERITE	IMPERFECT
(yo)	reuní	reunía
(tú)	reuniste	reunías
(él/ella/usted)	reunió	reunía
(nosotros/as)	reunimos	reuníamos
(vosotros/as)	reunisteis	reuníais
(ellos/ellas/ustedes)	reunieron	reunían

GERUND
reuniendo

PAST PARTICIPLE
reunido

EXAMPLE PHRASES

Hemos conseguido **reunir** suficiente dinero. We've managed to raise enough money.

Hace tiempo que no **me reúno** con ellos. I haven't seen them in ages.

Reunió a todos para comunicarles la noticia. He called them all together to tell them the news.

No **reunía** los requisitos. She didn't satisfy the requirements.

Remember that subject pronouns are not used very often in Spanish.

reunir

	FUTURE	**CONDITIONAL**
(yo)	reuniré	reuniría
(tú)	reunirás	reunirías
(él/ella/usted)	reunirá	reuniría
(nosotros/as)	reuniremos	reuniríamos
(vosotros/as)	reuniréis	reuniríais
(ellos/ellas/ ustedes)	reunirán	reunirían

	PRESENT SUBJUNCTIVE	**IMPERFECT SUBJUNCTIVE**
(yo)	reúna	reuniera or reuniese
(tú)	reúnas	reunieras or reunieses
(él/ella/usted)	reúna	reuniera or reuniese
(nosotros/as)	reunamos	reuniéramos or reuniésemos
(vosotros/as)	reunáis	reunierais or reunieseis
(ellos/ellas/ ustedes)	reúnan	reunieran or reuniesen

IMPERATIVE
reúne / reunid

Use the present subjunctive in all cases other than these tú and vosotros affirmative forms.

EXAMPLE PHRASES
Se reunirán el viernes. They'll meet on Friday.

Necesito encontrar un local que **reúna** las condiciones. I need to find premises that will meet the requirements.

Consiguió que su familia **se reuniera** tras una larga separación. She managed to get her family back together again after a long separation.

Remember that subject pronouns are not used very often in Spanish.

rogar (to beg; to pray)

	PRESENT	PRESENT PERFECT
(yo)	ruego	he rogado
(tú)	ruegas	has rogado
(él/ella/usted)	ruega	ha rogado
(nosotros/as)	rogamos	hemos rogado
(vosotros/as)	rogáis	habéis rogado
(ellos/ellas/ ustedes)	ruegan	han rogado

	PRETERITE	IMPERFECT
(yo)	rogué	rogaba
(tú)	rogaste	rogabas
(él/ella/usted)	rogó	rogaba
(nosotros/as)	rogamos	rogábamos
(vosotros/as)	rogasteis	rogabais
(ellos/ellas/ ustedes)	rogaron	rogaban

GERUND

rogando

PAST PARTICIPLE

rogado

EXAMPLE PHRASES

Les **rogamos** acepten nuestras disculpas. **Please accept our apologies.**

Te **ruego** que me lo devuelvas. **Please give it back to me.**

"Se **ruega** no fumar" "Please do not smoke"

Me **rogó** que lo perdonara. **He begged me to forgive him.**

Le **rogaba** a Dios que se curara. **I prayed to God to make him better.**

Remember that subject pronouns are not used very often in Spanish.

rogar

	FUTURE	**CONDITIONAL**
(yo)	rogaré	rogaría
(tú)	rogarás	rogarías
(él/ella/usted)	rogará	rogaría
(nosotros/as)	rogaremos	rogaríamos
(vosotros/as)	rogaréis	rogaríais
(ellos/ellas/ ustedes)	rogarán	rogarían

	PRESENT SUBJUNCTIVE	**IMPERFECT SUBJUNCTIVE**
(yo)	ruegue	rogara or rogase
(tú)	ruegues	rogaras or rogases
(él/ella/usted)	ruegue	rogara or rogase
(nosotros/as)	roguemos	rogáramos or rogásemos
(vosotros/as)	roguéis	rogarais or rogaseis
(ellos/ellas/ ustedes)	rueguen	rogaran or rogasen

IMPERATIVE

ruega / rogad

Use the present subjunctive in all cases other than these tú and vosotros affirmative forms.

EXAMPLE PHRASES

Ruega por mí. Pray for me.

romper (to break)

	PRESENT		PRESENT PERFECT
(yo)	rompo		he roto
(tú)	rompes		has roto
(él/ella/usted)	rompe		ha roto
(nosotros/as)	rompemos		hemos roto
(vosotros/as)	rompéis		habéis roto
(ellos/ellas/ ustedes)	rompen		han roto

	PRETERITE		IMPERFECT
(yo)	rompí		rompía
(tú)	rompiste		rompías
(él/ella/usted)	rompió		rompía
(nosotros/as)	rompimos		rompíamos
(vosotros/as)	rompisteis		rompíais
(ellos/ellas/ ustedes)	rompieron		rompían

GERUND

rompiendo

PAST PARTICIPLE

roto

EXAMPLE PHRASES

La cuerda **se** va a **romper**. The rope is going to snap.

Siempre **están rompiendo** cosas. They're always breaking things.

Se había roto una taza. A cup had gotten broken.

Se rompió el jarrón. The vase broke.

romper

	FUTURE	CONDITIONAL
(yo)	romperé	rompería
(tú)	romperás	romperías
(él/ella/usted)	romperá	rompería
(nosotros/as)	romperemos	romperíamos
(vosotros/as)	romperéis	romperíais
(ellos/ellas/ ustedes)	romperán	romperían

	PRESENT SUBJUNCTIVE	IMPERFECT SUBJUNCTIVE
(yo)	rompa	rompiera or rompiese
(tú)	rompas	rompieras or rompieses
(él/ella/usted)	rompa	rompiera or rompiese
(nosotros/as)	rompamos	rompiéramos or rompiésemos
(vosotros/as)	rompáis	rompierais or rompieseis
(ellos/ellas/ ustedes)	rompan	rompieran or rompiesen

IMPERATIVE
rompe / romped

Use the present subjunctive in all cases other than these tú and vosotros affirmative forms.

EXAMPLE PHRASES
Yo nunca **rompería** una promesa. I'd never break a promise.

Si lo **rompiera**, tendría que pagarlo. If you broke it, you'd have to pay for it.

Cuidado, no lo **rompas**. Careful you don't break it.

Remember that subject pronouns are not used very often in Spanish.

saber (to know)

	PRESENT		PRESENT PERFECT
(yo)	sé		he sabido
(tú)	sabes		has sabido
(él/ella/usted)	sabe		ha sabido
(nosotros/as)	sabemos		hemos sabido
(vosotros/as)	sabéis		habéis sabido
(ellos/ellas/ ustedes)	saben		han sabido

	PRETERITE		IMPERFECT
(yo)	supe		sabía
(tú)	supiste		sabías
(él/ella/usted)	supo		sabía
(nosotros/as)	supimos		sabíamos
(vosotros/as)	supisteis		sabíais
(ellos/ellas/ ustedes)	supieron		sabían

GERUND

sabiendo

PAST PARTICIPLE

sabido

EXAMPLE PHRASES

No lo **sé**. I don't know.

¿**Sabes** una cosa? Do you know what?

¿Cuándo lo **supiste**? When did you find out?

No **supe** qué responder. I didn't know how to answer.

Pensaba que lo **sabías**. I thought you knew.

Remember that subject pronouns are not used very often in Spanish.

saber

	FUTURE	CONDITIONAL
(yo)	sabré	sabría
(tú)	sabrás	sabrías
(él/ella/usted)	sabrá	sabría
(nosotros/as)	sabremos	sabríamos
(vosotros/as)	sabréis	sabríais
(ellos/ellas/ustedes)	sabrán	sabrían

	PRESENT SUBJUNCTIVE	IMPERFECT SUBJUNCTIVE
(yo)	sepa	supiera or supiese
(tú)	sepas	supieras or supieses
(él/ella/usted)	sepa	supiera or supiese
(nosotros/as)	sepamos	supiéramos or supiésemos
(vosotros/as)	sepáis	supierais or supieseis
(ellos/ellas/ustedes)	sepan	supieran or supiesen

IMPERATIVE

sabe / sabed

Use the present subjunctive in all cases other than these tú and vosotros affirmative forms.

EXAMPLE PHRASES

Nunca se **sabrá** quién la mató. We'll never know who killed her.

Si no le tuvieras tanto miedo al agua, ya **sabrías** nadar. If you weren't so afraid of water, you'd already be able to swim.

Que yo **sepa**, vive en París. As far as I know, she lives in Paris.

¡Si **supiéramos** al menos dónde está! If only we knew where he was!

Remember that subject pronouns are not used very often in Spanish.

sacar (to take out; to get)

	PRESENT		PRESENT PERFECT
(yo)	saco		he sacado
(tú)	sacas		has sacado
(él/ella/usted)	saca		ha sacado
(nosotros/as)	sacamos		hemos sacado
(vosotros/as)	sacáis		habéis sacado
(ellos/ellas/ustedes)	sacan		han sacado

	PRETERITE		IMPERFECT
(yo)	saqué		sacaba
(tú)	sacaste		sacabas
(él/ella/usted)	sacó		sacaba
(nosotros/as)	sacamos		sacábamos
(vosotros/as)	sacasteis		sacabais
(ellos/ellas/ustedes)	sacaron		sacaban

GERUND

sacando

PAST PARTICIPLE

sacado

EXAMPLE PHRASES

Voy a **sacar** la basura. I'm going to take out the trash.

¿Me **sacas** una foto? Will you take a photo of me?

Estás sacando las cosas de quicio. You're blowing things out of all proportion.

Ya **saqué** los boletos. I already bought the tickets.

¿De dónde **sacaba** tanto dinero? Where did he get so much money from?

Remember that subject pronouns are not used very often in Spanish.

sacar

	FUTURE	CONDITIONAL
(yo)	sacaré	sacaría
(tú)	sacarás	sacarías
(él/ella/usted)	sacará	sacaría
(nosotros/as)	sacaremos	sacaríamos
(vosotros/as)	sacaréis	sacaríais
(ellos/ellas/ ustedes)	sacarán	sacarían

	PRESENT SUBJUNCTIVE	IMPERFECT SUBJUNCTIVE
(yo)	saque	sacara or sacase
(tú)	saques	sacaras or sacases
(él/ella/usted)	saque	sacara or sacase
(nosotros/as)	saquemos	sacáramos or sacásemos
(vosotros/as)	saquéis	sacarais or sacaseis
(ellos/ellas/ ustedes)	saquen	sacaran or sacasen

IMPERATIVE

saca / sacad

Use the present subjunctive in all cases other than these tú and vosotros affirmative forms.

EXAMPLE PHRASES

Quiero que **saques** esa bicicleta de casa inmediatamente. I want you to get that bike out of the house immediately.

No **saques** la cabeza por la ventanilla. Don't lean out of the window.

Remember that subject pronouns are not used very often in Spanish.

salir (to go out; to work out)

	PRESENT		PRESENT PERFECT
(yo)	salgo		he salido
(tú)	sales		has salido
(él/ella/usted)	sale		ha salido
(nosotros/as)	salimos		hemos salido
(vosotros/as)	salís		habéis salido
(ellos/ellas/ ustedes)	salen		han salido

	PRETERITE		IMPERFECT
(yo)	salí		salía
(tú)	saliste		salías
(él/ella/usted)	salió		salía
(nosotros/as)	salimos		salíamos
(vosotros/as)	salisteis		salíais
(ellos/ellas/ ustedes)	salieron		salían

GERUND		PAST PARTICIPLE
saliendo		salido

EXAMPLE PHRASES

Hace tiempo que no **salimos**. We haven't been out for a while.

Está saliendo con un compañero de trabajo. She's dating a work colleague.

Su foto **salió** en todos los periódicos. Her picture appeared in all the newspapers.

Salía muy tarde de trabajar. He used to finish work very late.

Remember that subject pronouns are not used very often in Spanish.

salir

	FUTURE	CONDITIONAL
(yo)	saldré	saldría
(tú)	saldrás	saldrías
(él/ella/usted)	saldrá	saldría
(nosotros/as)	saldremos	saldríamos
(vosotros/as)	saldréis	saldríais
(ellos/ellas/ ustedes)	saldrán	saldrían

	PRESENT SUBJUNCTIVE	IMPERFECT SUBJUNCTIVE
(yo)	salga	saliera or saliese
(tú)	salgas	salieras or salieses
(él/ella/usted)	salga	saliera or saliese
(nosotros/as)	salgamos	saliéramos or saliésemos
(vosotros/as)	salgáis	salierais or salieseis
(ellos/ellas/ ustedes)	salgan	salieran or saliesen

IMPERATIVE

sal / salid

Use the present subjunctive in all cases other than these tú and vosotros affirmative forms.

EXAMPLE PHRASES

Te dije que **saldría** muy caro. I told you it would wind up being very expensive.

Espero que todo **salga** bien. I hope everything works out all right.

Si **saliera** elegido... If I were elected...

Por favor, **salgan** por la puerta de atrás. Please leave through the back door.

Remember that subject pronouns are not used very often in Spanish.

satisfacer (to satisfy)

	PRESENT		PRESENT PERFECT
(yo)	satisfago		he satisfecho
(tú)	satisfaces		has satisfecho
(él/ella/usted)	satisface		ha satisfecho
(nosotros/as)	satisfacemos		hemos satisfecho
(vosotros/as)	satisfacéis		habéis satisfecho
(ellos/ellas/ ustedes)	satisfacen		han satisfecho

	PRETERITE		IMPERFECT
(yo)	satisfice		satisfacía
(tú)	satisficiste		satisfacías
(él/ella/usted)	satisfizo		satisfacía
(nosotros/as)	satisficimos		satisfacíamos
(vosotros/as)	satisficisteis		satisfacíais
(ellos/ellas/ ustedes)	satisficieron		satisfacían

GERUND

satisfaciendo

PAST PARTICIPLE

satisfecho

EXAMPLE PHRASES

No me **satisface** nada el resultado. I'm not at all satisfied with the result.

Eso **satisfizo** mi curiosidad. That satisfied my curiosity.

Aquella vida **satisfacía** todas mis necesidades. That lifestyle satisfied all my needs.

Remember that subject pronouns are not used very often in Spanish.

satisfacer

	FUTURE	CONDITIONAL
(yo)	satisfaré	satisfaría
(tú)	satisfarás	satisfarías
(él/ella/usted)	satisfará	satisfaría
(nosotros/as)	satisfaremos	satisfaríamos
(vosotros/as)	satisfaréis	satisfaríais
(ellos/ellas/ustedes)	satisfarán	satisfarían

	PRESENT SUBJUNCTIVE	IMPERFECT SUBJUNCTIVE
(yo)	satisfaga	satisficiera or satisficiese
(tú)	satisfagas	satisficieras or satisficieses
(él/ella/usted)	satisfaga	satisficiera or satisficiese
(nosotros/as)	satisfagamos	satisficiéramos or satisficiésemos
(vosotros/as)	satisfagáis	satisficierais or satisficieseis
(ellos/ellas/ustedes)	satisfagan	satisficieran or satisficiesen

IMPERATIVE

satisfaz or satisface / satisfaced

Use the present subjunctive in all cases other than these tú and vosotros affirmative forms.

EXAMPLE PHRASES

Le **satisfará** saber que hemos cumplido nuestros objetivos. You'll be happy to know that we have achieved our objectives.

Tengo que aceptarlo aunque no me **satisfaga**. I have to accept it even though I'm not happy about it.

Remember that subject pronouns are not used very often in Spanish.

seguir (to follow; to go on)

	PRESENT	PRESENT PERFECT
(yo)	sigo	he seguido
(tú)	sigues	has seguido
(él/ella/usted)	sigue	ha seguido
(nosotros/as)	seguimos	hemos seguido
(vosotros/as)	seguís	habéis seguido
(ellos/ellas/ustedes)	siguen	han seguido

	PRETERITE	IMPERFECT
(yo)	seguí	seguía
(tú)	seguiste	seguías
(él/ella/usted)	siguió	seguía
(nosotros/as)	seguimos	seguíamos
(vosotros/as)	seguisteis	seguíais
(ellos/ellas/ustedes)	siguieron	seguían

GERUND
siguiendo

PAST PARTICIPLE
seguido

EXAMPLE PHRASES

Si **sigues** así, acabarás mal. If you go on like this you'll come to a bad end.

Siguió cantando como si nada. He went on singing as if there was nothing wrong.

Los **seguimos** mucho rato. We followed them for a long time.

Nos **habían seguido**. They had followed us.

Remember that subject pronouns are not used very often in Spanish.

seguir

	FUTURE	CONDITIONAL
(yo)	seguiré	seguiría
(tú)	seguirás	seguirías
(él/ella/usted)	seguirá	seguiría
(nosotros/as)	seguiremos	seguiríamos
(vosotros/as)	seguiréis	seguiríais
(ellos/ellas/ ustedes)	seguirán	seguirían

	PRESENT SUBJUNCTIVE	IMPERFECT SUBJUNCTIVE
(yo)	siga	siguiera or siguiese
(tú)	sigas	siguieras or siguieses
(él/ella/usted)	siga	siguiera or siguiese
(nosotros/as)	sigamos	siguiéramos or siguiésemos
(vosotros/as)	sigáis	siguierais or siguieseis
(ellos/ellas/ ustedes)	sigan	siguieran or siguiesen

IMPERATIVE
sigue / seguid

Use the present subjunctive in all cases other than these tú and vosotros affirmative forms.

EXAMPLE PHRASES
Nos seguiremos viendo. We will go on seeing each other.

Quiero que **sigas** estudiando. I want you to go on with your studies.

Si **siguieras** mis consejos, te iría muchísimo mejor. You'd be much better off if you followed my advice.

Siga por esta calle hasta el final. Go straight till you get to the end of the street.

Remember that subject pronouns are not used very often in Spanish.

sentir (to feel; to be sorry)

	PRESENT		PRESENT PERFECT
(yo)	siento		he sentido
(tú)	sientes		has sentido
(él/ella/usted)	siente		ha sentido
(nosotros/as)	sentimos		hemos sentido
(vosotros/as)	sentís		habéis sentido
(ellos/ellas/ ustedes)	sienten		han sentido

	PRETERITE		IMPERFECT
(yo)	sentí		sentía
(tú)	sentiste		sentías
(él/ella/usted)	sintió		sentía
(nosotros/as)	sentimos		sentíamos
(vosotros/as)	sentisteis		sentíais
(ellos/ellas/ ustedes)	sintieron		sentían

GERUND

sintiendo

PAST PARTICIPLE

sentido

EXAMPLE PHRASES

Te vas a sentir sola. You'll feel lonely.

Siento mucho lo que pasó. I'm really sorry about what happened.

Sintió mucho la muerte de su padre. He was greatly affected by his father's death.

No sentí nada. I didn't feel a thing.

Me sentía muy mal. I didn't feel well at all.

Remember that subject pronouns are not used very often in Spanish.

sentir

	FUTURE	**CONDITIONAL**
(yo)	sentiré	sentiría
(tú)	sentirás	sentirías
(él/ella/usted)	sentirá	sentiría
(nosotros/as)	sentiremos	sentiríamos
(vosotros/as)	sentiréis	sentiríais
(ellos/ellas/ustedes)	sentirán	sentirían

	PRESENT SUBJUNCTIVE	**IMPERFECT SUBJUNCTIVE**
(yo)	sienta	sintiera or sintiese
(tú)	sientas	sintieras or sintieses
(él/ella/usted)	sienta	sintiera or sintiese
(nosotros/as)	sintamos	sintiéramos or sintiésemos
(vosotros/as)	sintáis	sintierais or sintieseis
(ellos/ellas/ustedes)	sientan	sintieran or sintiesen

IMPERATIVE

siente / sentid

Use the present subjunctive in all cases other than these tú and vosotros affirmative forms.

EXAMPLE PHRASES

Al principio **te sentirás** un poco raro. You'll feel a bit strange at first.

Yo **sentiría** mucho que se fuera de la empresa. I'd be really sorry if you left the firm.

No creo que lo **sienta**. I don't think she's sorry.

Sería mucho más preocupante si no **sintiera** la pierna. It would be much more worrying if he couldn't feel his leg.

Remember that subject pronouns are not used very often in Spanish.

ser (to be)

	PRESENT		PRESENT PERFECT
(yo)	soy		he sido
(tú)	eres		has sido
(él/ella/usted)	es		ha sido
(nosotros/as)	somos		hemos sido
(vosotros/as)	sois		habéis sido
(ellos/ellas/ustedes)	son		han sido

	PRETERITE		IMPERFECT
(yo)	fui		era
(tú)	fuiste		eras
(él/ella/usted)	fue		era
(nosotros/as)	fuimos		éramos
(vosotros/as)	fuisteis		erais
(ellos/ellas/ustedes)	fueron		eran

GERUND

siendo

PAST PARTICIPLE

sido

EXAMPLE PHRASES

Soy colombiano. I'm Colombian.

Fue un duro golpe. It was a major blow.

¿**Fuiste** tú el que llamó? Was it you who called?

Era de noche. It was dark.

Había sido sacerdote. He had been a priest.

Remember that subject pronouns are not used very often in Spanish.

ser

	FUTURE	CONDITIONAL
(yo)	seré	sería
(tú)	serás	serías
(él/ella/usted)	será	sería
(nosotros/as)	seremos	seríamos
(vosotros/as)	seréis	seríais
(ellos/ellas/ustedes)	serán	serían

	PRESENT SUBJUNCTIVE	IMPERFECT SUBJUNCTIVE
(yo)	sea	fuera or fuese
(tú)	seas	fueras or fueses
(él/ella/usted)	sea	fuera or fuese
(nosotros/as)	seamos	fuéramos or fuésemos
(vosotros/as)	seáis	fuerais or fueseis
(ellos/ellas/ustedes)	sean	fueran or fuesen

IMPERATIVE

sé / sed

Use the present subjunctive in all cases other than these tú and vosotros affirmative forms.

EXAMPLE PHRASES

Será de Joaquín. Maybe it's Joaquín's.

Eso **sería** maravilloso. That would be wonderful.

O **sea**, que no vienes. So you're not coming.

No **seas** tan perfeccionista. Don't be such a perfectionist.

¡**Sean** buenos! Behave yourselves!

Remember that subject pronouns are not used very often in Spanish.

soler (to be in the habit of; to be accustomed to)

	PRESENT		PRESENT PERFECT
(yo)	suelo		*not used*
(tú)	sueles		
(él/ella/usted)	suele		
(nosotros/as)	solemos		
(vosotros/as)	soléis		
(ellos/ellas/ ustedes)	suelen		

	PRETERITE		IMPERFECT
(yo)	*not used*		solía
(tú)			solías
(él/ella/usted)			solía
(nosotros/as)			solíamos
(vosotros/as)			solíais
(ellos/ellas/ ustedes)			solían

GERUND

soliendo

PAST PARTICIPLE

not used

EXAMPLE PHRASES

Suele salir a las ocho. He usually goes out at eight.

Solíamos ir todos los años a la playa. We used to go to the beach every year.

Remember that subject pronouns are not used very often in Spanish.

soler

	FUTURE	**CONDITIONAL**
(yo)	*not used*	*not used*
(tú)		
(él/ella/usted)		
(nosotros/as)		
(vosotros/as)		
(ellos/ellas/ustedes)		

	PRESENT SUBJUNCTIVE	**IMPERFECT SUBJUNCTIVE**
(yo)	suela	soliera *or* soliese
(tú)	suelas	solieras *or* solieses
(él/ella/usted)	suela	soliera *or* soliese
(nosotros/as)	solamos	soliéramos *or* soliésemos
(vosotros/as)	soláis	solierais *or* solieseis
(ellos/ellas/ustedes)	suelan	solieran *or* soliesen

IMPERATIVE

not used

soltar (to let go of; to release)

	PRESENT		PRESENT PERFECT
(yo)	suelto		he soltado
(tú)	sueltas		has soltado
(él/ella/usted)	suelta		ha soltado
(nosotros/as)	soltamos		hemos soltado
(vosotros/as)	soltáis		habéis soltado
(ellos/ellas/ ustedes)	sueltan		han soltado

	PRETERITE		IMPERFECT
(yo)	solté		soltaba
(tú)	soltaste		soltabas
(él/ella/usted)	soltó		soltaba
(nosotros/as)	soltamos		soltábamos
(vosotros/as)	soltasteis		soltabais
(ellos/ellas/ ustedes)	soltaron		soltaban

GERUND

soltando

PAST PARTICIPLE

soltado

EXAMPLE PHRASES

Al final logró **soltarse**. Eventually she managed to break free.

¿Por qué no **te sueltas** el pelo? Why don't you wear your hair down?

Habían soltado a los rehenes. They had released the hostages.

Soltó una carcajada. He burst out laughing.

Remember that subject pronouns are not used very often in Spanish.

soltar

	FUTURE	CONDITIONAL
(yo)	soltaré	soltaría
(tú)	soltarás	soltarías
(él/ella/usted)	soltará	soltaría
(nosotros/as)	soltaremos	soltaríamos
(vosotros/as)	soltaréis	soltaríais
(ellos/ellas/ ustedes)	soltarán	soltarían

	PRESENT SUBJUNCTIVE	IMPERFECT SUBJUNCTIVE
(yo)	suelte	soltara *or* soltase
(tú)	sueltes	soltaras *or* soltases
(él/ella/usted)	suelte	soltara *or* soltase
(nosotros/as)	soltemos	soltáramos *or* soltásemos
(vosotros/as)	soltéis	soltarais *or* soltaseis
(ellos/ellas/ ustedes)	suelten	soltaran *or* soltasen

IMPERATIVE

suelta / soltad

Use the present subjunctive in all cases other than these tú *and* vosotros *affirmative forms.*

EXAMPLE PHRASES

Te **soltaré** el brazo si me dices dónde está. I'll let go of your arm if you tell me where he is.

Te dije que lo **soltaras**. I told you to let it go.

No **sueltes** la cuerda. Don't let go of the rope.

¡**Suéltame**! Let me go!

Remember that subject pronouns are not used very often in Spanish.

sonar (to sound; to ring)

	PRESENT		PRESENT PERFECT
(yo)	sueno		he sonado
(tú)	suenas		has sonado
(él/ella/usted)	suena		ha sonado
(nosotros/as)	sonamos		hemos sonado
(vosotros/as)	sonáis		habéis sonado
(ellos/ellas/ ustedes)	suenan		han sonado

	PRETERITE		IMPERFECT
(yo)	soné		sonaba
(tú)	sonaste		sonabas
(él/ella/usted)	sonó		sonaba
(nosotros/as)	sonamos		sonábamos
(vosotros/as)	sonasteis		sonabais
(ellos/ellas/ ustedes)	sonaron		sonaban

GERUND

sonando

PAST PARTICIPLE

sonado

EXAMPLE PHRASES

¿Te **suena** su nombre? Does her name sound familiar?

Justo en ese momento **sonó** el timbre. Just then the bell rang.

Sonabas un poco triste por teléfono. You sounded a bit sad on the phone.

Estaba **sonando** el teléfono. The phone was ringing.

Remember that subject pronouns are not used very often in Spanish.

sonar

	FUTURE	**CONDITIONAL**
(yo)	sonaré	sonaría
(tú)	sonarás	sonarías
(él/ella/usted)	sonará	sonaría
(nosotros/as)	sonaremos	sonaríamos
(vosotros/as)	sonaréis	sonaríais
(ellos/ellas/ ustedes)	sonarán	sonarían

	PRESENT SUBJUNCTIVE	**IMPERFECT SUBJUNCTIVE**
(yo)	suene	sonara *or* sonase
(tú)	suenes	sonaras *or* sonases
(él/ella/usted)	suene	sonara *or* sonase
(nosotros/as)	sonemos	sonáramos *or* sonásemos
(vosotros/as)	sonéis	sonarais *or* sonaseis
(ellos/ellas/ ustedes)	suenen	sonaran *or* sonasen

IMPERATIVE
suena / sonad

Use the present subjunctive in all cases other than these tú and vosotros affirmative forms.

EXAMPLE PHRASES
Hay que esperar a que **suene** un pitido. We have to wait until we hear a beep.

¡**Suénate** la nariz! Blow your nose!

Remember that subject pronouns are not used very often in Spanish.

temer (to be afraid)

	PRESENT	PRESENT PERFECT
(yo)	temo	he temido
(tú)	temes	has temido
(él/ella/usted)	teme	ha temido
(nosotros/as)	tememos	hemos temido
(vosotros/as)	teméis	habéis temido
(ellos/ellas/ustedes)	temen	han temido

	PRETERITE	IMPERFECT
(yo)	temí	temía
(tú)	temiste	temías
(él/ella/usted)	temió	temía
(nosotros/as)	temimos	temíamos
(vosotros/as)	temisteis	temíais
(ellos/ellas/ustedes)	temieron	temían

GERUND	PAST PARTICIPLE
temiendo	temido

EXAMPLE PHRASES

No le **teme** a nadie. He's not afraid of anyone.

Me temo que no. I'm afraid not.

Se temen lo peor. They fear the worst.

Empezó a llover. —**Me** lo **temía**. "It's started raining." – "I was afraid it would."

Temían por su seguridad. They feared for their safety.

Remember that subject pronouns are not used very often in Spanish.

temer

	FUTURE	**CONDITIONAL**
(yo)	temeré	temería
(tú)	temerás	temerías
(él/ella/usted)	temerá	temería
(nosotros/as)	temeremos	temeríamos
(vosotros/as)	temeréis	temeríais
(ellos/ellas/ ustedes)	temerán	temerían

	PRESENT SUBJUNCTIVE	**IMPERFECT SUBJUNCTIVE**
(yo)	tema	temiera or temiese
(tú)	temas	temieras or temieses
(él/ella/usted)	tema	temiera or temiese
(nosotros/as)	temamos	temiéramos or temiésemos
(vosotros/as)	temáis	temierais or temieseis
(ellos/ellas/ ustedes)	teman	temieran or temiesen

IMPERATIVE

teme / temed

Use the present subjunctive in all cases other than these tú and vosotros affirmative forms.

EXAMPLE PHRASES

No **temas**. Don't be afraid.

tener (to have)

	PRESENT	PRESENT PERFECT
(yo)	tengo	he tenido
(tú)	tienes	has tenido
(él/ella/usted)	tiene	ha tenido
(nosotros/as)	tenemos	hemos tenido
(vosotros/as)	tenéis	habéis tenido
(ellos/ellas/ ustedes)	tienen	ha tenido

	PRETERITE	IMPERFECT
(yo)	tuve	tenía
(tú)	tuviste	tenías
(él/ella/usted)	tuvo	tenía
(nosotros/as)	tuvimos	teníamos
(vosotros/as)	tuvisteis	teníais
(ellos/ellas/ ustedes)	tuvieron	tenían

GERUND
teniendo

PAST PARTICIPLE
tenido

EXAMPLE PHRASES

Tengo dos hermanos. I have two brothers.

Había tenido una gripa muy fuerte. She'd had a very bad flu.

Tuvimos que irnos. We had to leave.

No **tenía** suficiente dinero. She didn't have enough money.

Estamos teniendo muchos problemas. We're having a lot of problems.

Remember that subject pronouns are not used very often in Spanish.

tener

	FUTURE	CONDITIONAL
(yo)	tendré	tendría
(tú)	tendrás	tendrías
(él/ella/usted)	tendrá	tendría
(nosotros/as)	tendremos	tendríamos
(vosotros/as)	tendréis	tendríais
(ellos/ellas/ustedes)	tendrán	tendrían

	PRESENT SUBJUNCTIVE	IMPERFECT SUBJUNCTIVE
(yo)	tenga	tuviera or tuviese
(tú)	tengas	tuvieras or tuvieses
(él/ella/usted)	tenga	tuviera or tuviese
(nosotros/as)	tengamos	tuviéramos or tuviésemos
(vosotros/as)	tengáis	tuvierais or tuvieseis
(ellos/ellas/ustedes)	tengan	tuvieran or tuviesen

IMPERATIVE

ten / tened

Use the present subjunctive in all cases other than these tú and vosotros affirmative forms.

EXAMPLE PHRASES

Tendrás que pagarlo tú. You'll have to pay for it yourself.

Tendrías que comer más. You should eat more.

No creo que **tenga** suficiente dinero. I don't think he has enough money.

Si **tuviera** tiempo, haría un curso de francés. If I had time, I'd take a French course.

Ten cuidado. Be careful.

No **tengas** miedo. Don't be afraid.

Remember that subject pronouns are not used very often in Spanish.

tocar (to touch; to play)

	PRESENT		PRESENT PERFECT
(yo)	toco		he tocado
(tú)	tocas		has tocado
(él/ella/usted)	toca		ha tocado
(nosotros/as)	tocamos		hemos tocado
(vosotros/as)	tocáis		habéis tocado
(ellos/ellas/ustedes)	tocan		han tocado

	PRETERITE		IMPERFECT
(yo)	toqué		tocaba
(tú)	tocaste		tocabas
(él/ella/usted)	tocó		tocaba
(nosotros/as)	tocamos		tocábamos
(vosotros/as)	tocasteis		tocabais
(ellos/ellas/ustedes)	tocaron		tocaban

GERUND

tocando

PAST PARTICIPLE

tocado

EXAMPLE PHRASES

Toca el violín. He plays the violin.

Te **toca** manejar. It's your turn to drive.

Me **tocó** el peor asiento. I ended up with the worst seat.

Me **tocaba** tirar a mí. It was my turn.

Tocaban muy bien. They played very well.

Remember that subject pronouns are not used very often in Spanish.

tocar

	FUTURE	**CONDITIONAL**
(yo)	tocaré	tocaría
(tú)	tocarás	tocarías
(él/ella/usted)	tocará	tocaría
(nosotros/as)	tocaremos	tocaríamos
(vosotros/as)	tocaréis	tocaríais
(ellos/ellas/ustedes)	tocarán	tocarían

	PRESENT SUBJUNCTIVE	**IMPERFECT SUBJUNCTIVE**
(yo)	toque	tocara or tocase
(tú)	toques	tocaras or tocases
(él/ella/usted)	toque	tocara or tocase
(nosotros/as)	toquemos	tocáramos or tocásemos
(vosotros/as)	toquéis	tocarais or tocaseis
(ellos/ellas/ustedes)	toquen	tocaran or tocasen

IMPERATIVE

toca / tocad

Use the present subjunctive in all cases other than these tú and vosotros affirmative forms.

EXAMPLE PHRASES

Sabía que me **tocaría** ir a mí. I knew I'd be the one to have to go.

No lo **toques**. Don't touch it.

Tócalo, otra vez. Play it again.

Remember that subject pronouns are not used very often in Spanish.

torcer (to twist)

	PRESENT		PRESENT PERFECT
(yo)	tuerzo		he torcido
(tú)	tuerces		has torcido
(él/ella/usted)	tuerce		ha torcido
(nosotros/as)	torcemos		hemos torcido
(vosotros/as)	torcéis		habéis torcido
(ellos/ellas/ ustedes)	tuercen		han torcido

	PRETERITE		IMPERFECT
(yo)	torcí		torcía
(tú)	torciste		torcías
(él/ella/usted)	torció		torcía
(nosotros/as)	torcimos		torcíamos
(vosotros/as)	torcisteis		torcíais
(ellos/ellas/ ustedes)	torcieron		torcían

GERUND

torciendo

PAST PARTICIPLE

torcido

EXAMPLE PHRASES

El sendero **tuerce** luego a la derecha. Later on the path curves around to the right.

Me **torció** la muñeca. He twisted my wrist.

Las cosas se empezaron a **torcer**. Things started to go wrong.

Remember that subject pronouns are not used very often in Spanish.

torcer

	FUTURE	**CONDITIONAL**
(yo)	torceré	torcería
(tú)	torcerás	torcerías
(él/ella/usted)	torcerá	torcería
(nosotros/as)	torceremos	torceríamos
(vosotros/as)	torceréis	torceríais
(ellos/ellas/ ustedes)	torcerán	torcerían

	PRESENT SUBJUNCTIVE	**IMPERFECT SUBJUNCTIVE**
(yo)	tuerza	torciera or torciese
(tú)	tuerzas	torcieras or torcieses
(él/ella/usted)	tuerza	torciera or torciese
(nosotros/as)	torzamos	torciéramos or torciésemos
(vosotros/as)	torzáis	torcierais or torcieseis
(ellos/ellas/ ustedes)	tuerzan	torcieran or torciesen

IMPERATIVE

tuerce / torced

Use the present subjunctive in all cases other than these tú and vosotros affirmative forms.

EXAMPLE PHRASES

Tuerza a la izquierda. Turn left.

Tuércelo un poco más. Twist it a little more.

Remember that subject pronouns are not used very often in Spanish.

traer (to bring)

	PRESENT	PRESENT PERFECT
(yo)	traigo	he traído
(tú)	traes	has traído
(él/ella/usted)	trae	ha traído
(nosotros/as)	traemos	hemos traído
(vosotros/as)	traéis	habéis traído
(ellos/ellas/ustedes)	traen	han traído

	PRETERITE	IMPERFECT
(yo)	traje	traía
(tú)	trajiste	traías
(él/ella/usted)	trajo	traía
(nosotros/as)	trajimos	traíamos
(vosotros/as)	trajisteis	traíais
(ellos/ellas/ustedes)	trajeron	traían

GERUND

trayendo

PAST PARTICIPLE

traído

EXAMPLE PHRASES

¿Me puedes **traer** una toalla? Can you bring me a towel?

Nos **está trayendo** muchos problemas. It's causing us a lot of trouble.

¿**Trajiste** lo que te pedí? Did you bring what I asked for?

Traía un vestido nuevo. She was wearing a new dress.

No **trajo** el dinero. He didn't bring the money.

Remember that subject pronouns are not used very often in Spanish.

traer

	FUTURE	CONDITIONAL
(yo)	traeré	traería
(tú)	traerás	traerías
(él/ella/usted)	traerá	traería
(nosotros/as)	traeremos	traeríamos
(vosotros/as)	traeréis	traeríais
(ellos/ellas/ ustedes)	traerán	traerían

	PRESENT SUBJUNCTIVE	IMPERFECT SUBJUNCTIVE
(yo)	traiga	trajera or trajese
(tú)	traigas	trajeras or trajeses
(él/ella/usted)	traiga	trajera or trajese
(nosotros/as)	traigamos	trajéramos or trajésemos
(vosotros/as)	traigáis	trajerais or trajeseis
(ellos/ellas/ ustedes)	traigan	trajeran or trajesen

IMPERATIVE

trae / traed

Use the present subjunctive in all cases other than these tú and vosotros affirmative forms.

EXAMPLE PHRASES

Me pregunto qué **se traerán** entre manos. I wonder what they're up to.

Dile que **traiga** a algún amigo. Tell him to bring a friend with him.

Le pedí que **trajera** las fotos. I asked her to bring the photos.

Remember that subject pronouns are not used very often in Spanish.

valer (to be worth)

	PRESENT	PRESENT PERFECT
(yo)	valgo	he valido
(tú)	vales	has valido
(él/ella/usted)	vale	ha valido
(nosotros/as)	valemos	hemos valido
(vosotros/as)	valéis	habéis valido
(ellos/ellas/ ustedes)	valen	han valido

	PRETERITE	IMPERFECT
(yo)	valí	valía
(tú)	valiste	valías
(él/ella/usted)	valió	valía
(nosotros/as)	valimos	valíamos
(vosotros/as)	valisteis	valíais
(ellos/ellas/ ustedes)	valieron	valían

GERUND
valiendo

PAST PARTICIPLE
valido

EXAMPLE PHRASES

¿Cuánto **vale** eso? How much is that?

No puede **valerse** por sí mismo. He can't look after himself.

No le **valió** de nada suplicar. Begging got her nowhere.

No **valía** la pena. It wasn't worth it.

Remember that subject pronouns are not used very often in Spanish.

valer

	FUTURE	CONDITIONAL
(yo)	valdré	valdría
(tú)	valdrás	valdrías
(él/ella/usted)	valdrá	valdría
(nosotros/as)	valdremos	valdríamos
(vosotros/as)	valdréis	valdríais
(ellos/ellas/ustedes)	valdrán	valdrían

	PRESENT SUBJUNCTIVE	IMPERFECT SUBJUNCTIVE
(yo)	valga	valiera or valiese
(tú)	valgas	valieras or valieses
(él/ella/usted)	valga	valiera or valiese
(nosotros/as)	valgamos	valiéramos or valiésemos
(vosotros/as)	valgáis	valierais or valieseis
(ellos/ellas/ustedes)	valgan	valieran or valiesen

IMPERATIVE

vale / valed

Use the present subjunctive in all cases other than these tú and vosotros affirmative forms.

EXAMPLE PHRASES

Valdrá unos 500 dólares. It must be worth around 500 dollars.

Valdría más si fuera antiguo. It would be worth more if it were an antique.

vencer (to win; to beat)

	PRESENT		PRESENT PERFECT
(yo)	venzo		he vencido
(tú)	vences		has vencido
(él/ella/usted)	vence		ha vencido
(nosotros/as)	vencemos		hemos vencido
(vosotros/as)	vencéis		habéis vencido
(ellos/ellas/ustedes)	vencen		han vencido

	PRETERITE		IMPERFECT
(yo)	vencí		vencía
(tú)	venciste		vencías
(él/ella/usted)	venció		vencía
(nosotros/as)	vencimos		vencíamos
(vosotros/as)	vencisteis		vencíais
(ellos/ellas/ustedes)	vencieron		vencían

GERUND

venciendo

PAST PARTICIPLE

vencido

EXAMPLE PHRASES

Tienes que **vencer** el miedo. You must overcome your fear.

Finalmente lo **venció** el sueño. He was finally overcome by sleep.

Lo **vencía** la curiosidad. His curiosity got the better of him.

Remember that subject pronouns are not used very often in Spanish.

vencer

	FUTURE	CONDITIONAL
(yo)	venceré	vencería
(tú)	vencerás	vencerías
(él/ella/usted)	vencerá	vencería
(nosotros/as)	venceremos	venceríamos
(vosotros/as)	venceréis	venceríais
(ellos/ellas/ ustedes)	vencerán	vencerían

	PRESENT SUBJUNCTIVE	IMPERFECT SUBJUNCTIVE
(yo)	venza	venciera or venciese
(tú)	venzas	vencieras or vencieses
(él/ella/usted)	venza	venciera or venciese
(nosotros/as)	venzamos	venciéramos or venciésemos
(vosotros/as)	venzáis	vencierais or vencieseis
(ellos/ellas/ ustedes)	venzan	vencieran or venciesen

IMPERATIVE

vence / venced

Use the present subjunctive in all cases other than these tú and vosotros affirmative forms.

EXAMPLE PHRASES

Nuestro ejército **vencerá**. Our army will be victorious.

No dejes que te **venza** la impaciencia. Don't let your impatience get the better of you.

venir (to come)

	PRESENT	**PRESENT PERFECT**
(yo)	vengo	he venido
(tú)	vienes	has venido
(él/ella/usted)	viene	ha venido
(nosotros/as)	venimos	hemos venido
(vosotros/as)	venís	habéis venido
(ellos/ellas/ ustedes)	vienen	han venido

	PRETERITE	**IMPERFECT**
(yo)	vine	venía
(tú)	viniste	venías
(él/ella/usted)	vino	venía
(nosotros/as)	vinimos	veníamos
(vosotros/as)	vinisteis	veníais
(ellos/ellas/ ustedes)	vinieron	venían

GERUND

viniendo

PAST PARTICIPLE

venido

EXAMPLE PHRASES

Vengo a menudo. I come here often.

La casa **se está viniendo** abajo. The house is falling apart.

Vino en taxi. He came by taxi.

Vinieron a verme al hospital. They came to see me in the hospital.

La noticia **venía** en el periódico. The news was in the paper.

Remember that subject pronouns are not used very often in Spanish.

venir

	FUTURE	CONDITIONAL
(yo)	vendré	vendría
(tú)	vendrás	vendrías
(él/ella/usted)	vendrá	vendría
(nosotros/as)	vendremos	vendríamos
(vosotros/as)	vendréis	vendríais
(ellos/ellas/ustedes)	vendrán	vendrían

	PRESENT SUBJUNCTIVE	IMPERFECT SUBJUNCTIVE
(yo)	venga	viniera or viniese
(tú)	vengas	vinieras or vinieses
(él/ella/usted)	venga	viniera or viniese
(nosotros/as)	vengamos	viniéramos or viniésemos
(vosotros/as)	vengáis	vinierais or vinieseis
(ellos/ellas/ustedes)	vengan	vinieran or viniesen

IMPERATIVE

ven / venid

Use the present subjunctive in all cases other than these tú and vosotros affirmative forms.

EXAMPLE PHRASES

¿Crees que **vendrá**? Do you think he'll come?

A mí me **vendría** mejor el sábado. Saturday would be better for me.

No **vengas** si no quieres. Don't come if you don't want to.

¡**Ven** aquí! Come here!

Remember that subject pronouns are not used very often in Spanish.

ver (to see)

	PRESENT		PRESENT PERFECT
(yo)	veo		he visto
(tú)	ves		has visto
(él/ella/usted)	ve		ha visto
(nosotros/as)	vemos		hemos visto
(vosotros/as)	veis		habéis visto
(ellos/ellas/ ustedes)	ven		han visto

	PRETERITE		IMPERFECT
(yo)	vi		veía
(tú)	viste		veías
(él/ella/usted)	vio		veía
(nosotros/as)	vimos		veíamos
(vosotros/as)	visteis		veíais
(ellos/ellas/ ustedes)	vieron		veían

GERUND

viendo

PAST PARTICIPLE

visto

EXAMPLE PHRASES

No **veo** muy bien. I can't see very well.

Están viendo la televisión. They're watching TV.

No la **había visto**. I hadn't seen her.

¿**Viste** lo que pasó? Did you see what happened?

Los **veía** a todos desde la ventana. I could see them all from the window.

Remember that subject pronouns are not used very often in Spanish.

ver

	FUTURE	**CONDITIONAL**
(yo)	veré	vería
(tú)	verás	verías
(él/ella/usted)	verá	vería
(nosotros/as)	veremos	veríamos
(vosotros/as)	veréis	veríais
(ellos/ellas/ustedes)	verán	verían

	PRESENT SUBJUNCTIVE	**IMPERFECT SUBJUNCTIVE**
(yo)	vea	viera or viese
(tú)	veas	vieras or vieses
(él/ella/usted)	vea	viera or viese
(nosotros/as)	veamos	viéramos or viésemos
(vosotros/as)	veáis	vierais or vieseis
(ellos/ellas/ustedes)	vean	vieran or viesen

IMPERATIVE

ve / ved

Use the present subjunctive in all cases other than these tú and vosotros affirmative forms.

EXAMPLE PHRASES

Eso ya se **verá**. We'll see.

¡Si **vieras** cómo ha cambiado todo aquello! If you could see how all that has changed!

Veamos, ¿qué le pasa? Let's see now, what's the matter?

Remember that subject pronouns are not used very often in Spanish.

verter (to pour)

	PRESENT		PRESENT PERFECT
(yo)	vierto		he vertido
(tú)	viertes		has vertido
(él/ella/usted)	vierte		ha vertido
(nosotros/as)	vertemos		hemos vertido
(vosotros/as)	vertéis		habéis vertido
(ellos/ellas/ ustedes)	vierten		han vertido

	PRETERITE		IMPERFECT
(yo)	vertí		vertía
(tú)	vertiste		vertías
(él/ella/usted)	vertió		vertía
(nosotros/as)	vertimos		vertíamos
(vosotros/as)	vertisteis		vertíais
(ellos/ellas/ ustedes)	vertieron		vertían

GERUND

vertiendo

PAST PARTICIPLE

vertido

EXAMPLE PHRASES

Primero **viertes** el contenido del sobre en un tazón. First you empty the contents of the package into a bowl.

Vertió un poco de leche en la cacerola. He poured some milk into the saucepan.

Se vertían muchos residuos radioactivos en el mar. A lot of nuclear waste was dumped in the sea.

Remember that subject pronouns are not used very often in Spanish.

verter

	FUTURE	CONDITIONAL
(yo)	verteré	vertería
(tú)	verterás	verterías
(él/ella/usted)	verterá	vertería
(nosotros/as)	verteremos	verteríamos
(vosotros/as)	verteréis	verteríais
(ellos/ellas/ ustedes)	verterán	verterían

	PRESENT SUBJUNCTIVE	IMPERFECT SUBJUNCTIVE
(yo)	vierta	vertiera or vertiese
(tú)	viertas	vertieras or vertieses
(él/ella/usted)	vierta	vertiera or vertiese
(nosotros/as)	vertamos	vertiéramos or vertiésemos
(vosotros/as)	vertáis	vertierais or vertieseis
(ellos/ellas/ ustedes)	viertan	vertieran or vertiesen

IMPERATIVE

vierte / verted

Use the present subjunctive in all cases other than these tú and vosotros affirmative forms.

EXAMPLE PHRASES

Se verterán muchas lágrimas por esto. A lot of tears will be shed over this.

Ten cuidado no **viertas** el café. Be careful you don't knock over the coffee.

Remember that subject pronouns are not used very often in Spanish.

vestir (to dress)

	PRESENT	PRESENT PERFECT
(yo)	visto	he vestido
(tú)	vistes	has vestido
(él/ella/usted)	viste	ha vestido
(nosotros/as)	vestimos	hemos vestido
(vosotros/as)	vestís	habéis vestido
(ellos/ellas/ ustedes)	visten	han vestido

	PRETERITE	IMPERFECT
(yo)	vestí	vestía
(tú)	vestiste	vestías
(él/ella/usted)	vistió	vestía
(nosotros/as)	vestimos	vestíamos
(vosotros/as)	vestisteis	vestíais
(ellos/ellas/ ustedes)	vistieron	vestían

GERUND	PAST PARTICIPLE
vistiendo	vestido

EXAMPLE PHRASES

Tengo una familia que **vestir** y alimentar. I have a family to feed and clothe.

Viste bien. She's a sharp dresser.

Estaba vistiendo a los niños. I was dressing the children.

Me vestí en cinco minutos. I got dressed in five minutes.

Remember that subject pronouns are not used very often in Spanish.

vestir

	FUTURE	**CONDITIONAL**
(yo)	vestiré	vestiría
(tú)	vestirás	vestirías
(él/ella/usted)	vestirá	vestiría
(nosotros/as)	vestiremos	vestiríamos
(vosotros/as)	vestiréis	vestiríais
(ellos/ellas/ustedes)	vestirán	vestirían

	PRESENT SUBJUNCTIVE	**IMPERFECT SUBJUNCTIVE**
(yo)	vista	vistiera or vistiese
(tú)	vistas	vistieras or vistieses
(él/ella/usted)	vista	vistiera or vistiese
(nosotros/as)	vistamos	vistiéramos or vistiésemos
(vosotros/as)	vistáis	vistierais or vistieseis
(ellos/ellas/ustedes)	vistan	vistieran or vistiesen

IMPERATIVE

viste / vestid

Use the present subjunctive in all cases other than these tú and vosotros affirmative forms.

EXAMPLE PHRASES

Se vistió de princesa. She dressed up as a princess.

Vestía jeans y una camiseta. He was wearing jeans and a shirt.

Su padre **vestirá** de uniforme. Her father will wear a uniform.

¡**Vístete** de una vez! For the last time, go and get dressed!

vivir (to live)

	PRESENT		PRESENT PERFECT
(yo)	vivo		he vivido
(tú)	vives		has vivido
(él/ella/usted)	vive		ha vivido
(nosotros/as)	vivimos		hemos vivido
(vosotros/as)	vivís		habéis vivido
(ellos/ellas/ ustedes)	viven		han vivido

	PRETERITE		IMPERFECT
(yo)	viví		vivía
(tú)	viviste		vivías
(él/ella/usted)	vivió		vivía
(nosotros/as)	vivimos		vivíamos
(vosotros/as)	vivisteis		vivíais
(ellos/ellas/ ustedes)	vivieron		vivían

GERUND

viviendo

PAST PARTICIPLE

vivido

EXAMPLE PHRASES

Me gusta **vivir** sola. I like living on my own.

¿Dónde **vives**? Where do you live?

Siempre **viveron** muy bien. They always had a very comfortable life.

Vivían de su pensión. They lived on his pension.

Remember that subject pronouns are not used very often in Spanish.

vivir

	FUTURE	CONDITIONAL
(yo)	viviré	viviría
(tú)	vivirás	vivirías
(él/ella/usted)	vivirá	viviría
(nosotros/as)	viviremos	viviríamos
(vosotros/as)	viviréis	viviríais
(ellos/ellas/ ustedes)	vivirán	vivirían

	PRESENT SUBJUNCTIVE	IMPERFECT SUBJUNCTIVE
(yo)	viva	viviera or viviese
(tú)	vivas	vivieras or vivieses
(él/ella/usted)	viva	viviera or viviese
(nosotros/as)	vivamos	viviéramos or viviésemos
(vosotros/as)	viváis	vivierais or vivieseis
(ellos/ellas/ ustedes)	vivan	vivieran or viviesen

IMPERATIVE

vive / vivid

Use the present subjunctive in all cases other than these tú and vosotros affirmative forms.

EXAMPLE PHRASES

Viviremos en el centro de la ciudad. We'll live downtown.

Si pudiéramos, **viviríamos** en el campo. We'd live in the country if we could.

Si **vivieran** más cerca, nos veríamos más a menudo. We'd see each other more often if you lived nearer.

¡**Viva**! Hurray!

Remember that subject pronouns are not used very often in Spanish.

volcar (to overturn)

	PRESENT	PRESENT PERFECT
(yo)	vuelco	he volcado
(tú)	vuelcas	has volcado
(él/ella/usted)	vuelca	ha volcado
(nosotros/as)	volcamos	hemos volcado
(vosotros/as)	volcáis	habéis volcado
(ellos/ellas/ ustedes)	vuelcan	han volcado

	PRETERITE	IMPERFECT
(yo)	volqué	volcaba
(tú)	volcaste	volcabas
(él/ella/usted)	volcó	volcaba
(nosotros/as)	volcamos	volcábamos
(vosotros/as)	volcasteis	volcabais
(ellos/ellas/ ustedes)	volcaron	volcaban

GERUND

volcando

PAST PARTICIPLE

volcado

EXAMPLE PHRASES

La camioneta **volcó**. The van rolled over.

Se vuelca en su trabajo. She throws herself into her work.

volcar

	FUTURE	CONDITIONAL
(yo)	volcaré	volcaría
(tú)	volcarás	volcarías
(él/ella/usted)	volcará	volcaría
(nosotros/as)	volcaremos	volcaríamos
(vosotros/as)	volcaréis	volcaríais
(ellos/ellas/ ustedes)	volcarán	volcarían

	PRESENT SUBJUNCTIVE	IMPERFECT SUBJUNCTIVE
(yo)	vuelque	volcara or volcase
(tú)	vuelques	volcaras or volcases
(él/ella/usted)	vuelque	volcara or volcase
(nosotros/as)	volquemos	volcáramos or volcásemos
(vosotros/as)	volquéis	volcarais or volcaseis
(ellos/ellas/ ustedes)	vuelquen	volcaran or volcasen

IMPERATIVE

vuelca / volcad

Use the present subjunctive in all cases other than these tú and vosotros affirmative forms.

EXAMPLE PHRASES

Si sigues moviéndote, harás que **vuelque** el bote. If you keep on moving like that, you'll make the boat capsize.

Ten cuidado, no **vuelques** el vaso. Be careful not to knock over the glass.

Vuelca el contenido sobre la cama. Empty the contents onto the bed.

volver (to return; to go/come back)

	PRESENT		PRESENT PERFECT
(yo)	vuelvo		he vuelto
(tú)	vuelves		has vuelto
(él/ella/usted)	vuelve		ha vuelto
(nosotros/as)	volvemos		hemos vuelto
(vosotros/as)	volvéis		habéis vuelto
(ellos/ellas/ustedes)	vuelven		han vuelto

	PRETERITE		IMPERFECT
(yo)	volví		volvía
(tú)	volviste		volvías
(él/ella/usted)	volvió		volvía
(nosotros/as)	volvimos		volvíamos
(vosotros/as)	volvisteis		volvíais
(ellos/ellas/ustedes)	volvieron		volvían

GERUND

volviendo

PAST PARTICIPLE

vuelto

EXAMPLE PHRASES

Mi padre **vuelve** mañana. My father's coming back tomorrow.

Volvió a casa. He went back home.

Volvía agotado de trabajar. I used to come back from work exhausted.

Remember that subject pronouns are not used very often in Spanish.

volver

	FUTURE	**CONDITIONAL**
(yo)	volveré	volvería
(tú)	volverás	volverías
(él/ella/usted)	volverá	volvería
(nosotros/as)	volveremos	volveríamos
(vosotros/as)	volveréis	volveríais
(ellos/ellas/ ustedes)	volverán	volverían

	PRESENT SUBJUNCTIVE	**IMPERFECT SUBJUNCTIVE**
(yo)	vuelva	volviera *or* volviese
(tú)	vuelvas	volvieras *or* volvieses
(él/ella/usted)	vuelva	volviera *or* volviese
(nosotros/as)	volvamos	volviéramos *or* volviésemos
(vosotros/as)	volváis	volvierais *or* volvieseis
(ellos/ellas/ ustedes)	vuelvan	volvieran *or* volviesen

IMPERATIVE

vuelve / volved

Use the present subjunctive in all cases other than these tú and vosotros affirmative forms.

EXAMPLE PHRASES

Todo **volverá** a la normalidad. Everything will return to normal.

Yo **volvería** a intentarlo. I'd try again.

No quiero que **vuelvas** allí. I don't want you to go back there.

No **vuelvas** por aquí. Don't come back here.

¡**Vuelve** a la cama! Go back to bed!

Remember that subject pronouns are not used very often in Spanish.

zurcir (to darn)

	PRESENT		PRESENT PERFECT
(yo)	zurzo		he zurcido
(tú)	zurces		has zurcido
(él/ella/usted)	zurce		ha zurcido
(nosotros/as)	zurcimos		hemos zurcido
(vosotros/as)	zurcís		habéis zurcido
(ellos/ellas/ ustedes)	zurcen		han zurcido

	PRETERITE		IMPERFECT
(yo)	zurcí		zurcía
(tú)	zurciste		zurcías
(él/ella/usted)	zurció		zurcía
(nosotros/as)	zurcimos		zurcíamos
(vosotros/as)	zurcisteis		zurcíais
(ellos/ellas/ ustedes)	zurcieron		zurcían

GERUND
zurciendo

PAST PARTICIPLE
zurcido

EXAMPLE PHRASES

¿Quién le **zurce** los calcetines? Who darns his socks?

Las sábanas estaban **zurcidas**. The sheets had been mended.

Remember that subject pronouns are not used very often in Spanish.

zurcir

	FUTURE	CONDITIONAL
(yo)	zurciré	zurciría
(tú)	zurcirás	zurcirías
(él/ella/usted)	zurcirá	zurciría
(nosotros/as)	zurciremos	zurciríamos
(vosotros/as)	zurciréis	zurciríais
(ellos/ellas/ ustedes)	zurcirán	zurcirían

	PRESENT SUBJUNCTIVE	IMPERFECT SUBJUNCTIVE
(yo)	zurza	zurciera or zurciese
(tú)	zurzas	zurcieras or zurcieses
(él/ella/usted)	zurza	zurciera or zurciese
(nosotros/as)	zurzamos	zurciéramos or zurciésemos
(vosotros/as)	zurzáis	zurcierais or zurcieseis
(ellos/ellas/ ustedes)	zurzan	zurcieran or zurciesen

IMPERATIVE

zurce / zurcid

Use the present subjunctive in all cases other than these tú and vosotros affirmative forms.

Remember that subject pronouns are not used very often in Spanish.

How to use the Verb Index

The verbs in bold are the model verbs which you will find in the Verb Tables. All the other verbs follow one of these patterns, so the number next to each verb indicates which pattern fits this particular verb. For example, **acampar** (*to camp*) follows the same pattern as **hablar** (number 118 in the Verb Tables).

All the verbs are in alphabetical order. Superior numbers ([1] etc) refer you to notes on page 246. These notes explain any differences between verbs and their model.

Notes

[1] The verbs anochecer, atardecer, granizar, helar, llover, nevar, nublarse and tronar are used almost exclusively in the infinitive and third person singular forms.

[2] The **past participle** of the verb pudrir is podrido.